좋은 주식
나쁜 주식

Good Stock Bad Stock

부의 추월차선에 오르기 위한 진짜 주식 공부

좋은 주식
나쁜 주식

이남우 지음

한국경제신문

프롤로그

당신은 아직 주식을 모른다

"당신은 당신이 무엇을 모르는지조차 모른다

(You don't know what you don't know)"

소크라테스의 역설에서 파생된 말이다. 월가에서 흔히 있는 일인데, 내공은 부족하고 열정만 앞서는 애널리스트의 프레젠테이션을 들은 베테랑 펀드매니저가 점잖게 웃으면서 건네는 충고이기도 하다. "당신은 새로운 사실을 얘기했지만 아직도 그 기업에 대해 모르는 것이 많다. 당신은 당신이 중요한 팩트를 알지 못한다는 사실을 알지 못하는 것 같다"의 함축적 표현이다.

2020년에 개인 투자자들은 높은 수익을 거둬 자신감이 충만하다. 하지만 대부분의 투자자는 보유 종목의 펀더멘털과 리스크에 대해 '알지 못한다는 사실조차 알지 못하는' 상태인 것은 아닐지 걱정이 앞선다.

그래서 이 책은 10가지 질문으로 시작한다. 전 세계에서 가장 규모가 큰 산업, 페이스북의 수익성이 높은 이유, 테슬라의 주가 리스크, 삼성전자 시가총액이 애플의 5분의 1에 불과한 이유, 서울 아파트와 미국 주식의 장기수익률 비교 등 이 책에서 말하고자 하는 내용 중 몇 가지를 추린 것이다. 좋은 투자 프레임워크와 습관을 만들고 안정적인 수익을 올려줄 기업을 찾는 데 꼭 알아야 할 사항들이다. 지난 3년간 내 강의를 들은 연세대학교 학부생 및 대학원생들에게 낸 문제들이기도 한데, 학생들은 대부분의 문제를 틀렸다.

2020년에 국내외 우량 종목을 꾸준히 보유한 개인 투자자들은 30% 이상의 수익률을 낸 경우가 많다. 그래서인지 최근 위험을 감수하더라도 고수익을 추구하고자 하는 이들이 직접 주식 투자에 나서고, 많은 개인 투자자들이 '지금은 펀드매니저보다 좋은 수익을 낼 수 있다'는 자신감에 차 있다.

다만 주식은 부동산과 함께 근본적으로 위험자산이다. 삼성전자, 네이버, 애플, 알파벳(구글의 지주회사) 같은 우량 종목도 단기적으로 투자 손실이 날 수 있다.

주가는 인간의 심리를 반영해 탐욕과 공포의 사이클을 반복한다. 심지어 기업의 본질 가치가 거의 변하지 않는 독점사업자인 한국전력, 독보적 브랜드와 안정적 수요를 자랑하는 농심 같은 회사도 지난 1년 사이 주가가 50% 가까이 하락했다.

이 책은 철저히 투자자 입장에서 쓰였다. 장기 보유에 적합한 기업, 그리고 피해야 할 기업들을 정리했다. 지난 30년간 세계 최고의 투자자들과 함께 리서치하고 토론하면서 얻은 경험을 최근 시황에 맞게 정리했고 LG생활건강, 삼성전자, 현대차, 대한항공, 아모레퍼시픽, 기업은행 등 한국 기업과 홍콩, 싱가포르, 일본 등 해외에서 15년간 근무한 경험을 살려 테슬라, 애플, P&G, 코스트코, 아마존 등 해외 기업도 골고루 다뤘다.

건전한 투자문화 정착을 위해 고객이자 친구였던 '국가대표급' 외국인 투자자 3명의 한국 투자 경험담도 공유했다. 미국 최고의 헤지펀드였던 타이거 매니지먼트(Tiger Management) 전 파트너 RJ 매크리아리(McCreary), 세계 최대의 액티브 자산운용사 피델리티(Fidelity) 전 아시아 리서치 헤드 리언 터커(Leon Tucker), 홍콩의 대표적인 미국계 헤지펀드 E사에서 핵심 펀드매니저로 활동한 C박사의 진솔한 경험이 사례로 등장한다. 이들 국내외 기업 사례와 외국 투자자들의 경험담은 주식 투자의 원리를 이해하는 데 도움이 되리라고 생각한다.

오랜 기간 세계 최고의 투자자들과 같이 일하면서 배운 점은, 투자는 객관적인 장기 분석에 입각해서 해야 하며 절대로 감정에 휘둘려선 안 된다는 것이다. 투자에는 애국심이 필요 없다. 주식시장의 원리를 이해하고 좋은 투자 습관을 길러야 한다. 보유 주식은 언제든 가격이 하락할 수 있고, 이를 가늠하기 위해 리스크를 꼼꼼히 따지는 습관을 기르자. 아파트를 살 때 매매가를 확인하듯 보유 또는 관심 종목의 시가총액을 체크하고 국내외 경쟁사들의 시가총액과 비교하자. 이는 기본 중의 기본이다. 또한 이미 알고 있고 경험해본 것을 활용해 돈을 버는 것이 가장 확실하다. 호기심을 갖고 관찰하면 주위에서 좋은 투자 아이디어들이 보일 것이다. 성공 투자를 위한 첫 단추는 좋은 투자 습관이다.

성공 투자는 에스컬레이터를 타듯 좋은 산업과 함께 올라가는 것이다. 이를 '산업 효과(industry effect)'라고 한다. 초우량 기업은 예외 없이 고성장 산업에서 탄생한다. 삼성전자, 아마존, 테슬라가 고성장하는 이유는 메모리 반도체, 전자상거래/클라우드, 전기차 산업의 엄청난 발전에 기인한다. 심지어 고성장 산업 중위권 기업의 투자수익률이 사양산업의 1등 기업보다 나을 수 있다. 용의 꼬리가 닭의 머리보다 나은 것이 21세기 산업의 현실이다.

패밀리 기업(family-owned business)에도 주목할 필요가 있다. 유럽의 럭셔리 브랜드 외에 미국의 월마트, 허쉬, 에스티로더, 유럽의 로레알, 로슈(Roche), 모두 패러다임이 바뀌어도 끄떡없는 패밀리 기업이다. 2006년 이후 패밀리 기업의 주가가 다른 상장사에 비해 매년 3.7%포인트 높은 성과를 보였는데, 그 이유는 이들이 '주인의식'이 강해 장기적 관점에서 투자하고 안정적인 수익을 지속적으로 창출하기 때문이다.

브랜드 가치가 증가하고 거대한 R&D 투자를 통해 진입장벽을 쌓아 독점적인 이윤을 추구하는 기업들도 유망하다. 2020년 12월 30일자 〈한국경제신문〉에 의하면 2020년에 수십만 개의 미성년자 주식계좌가 개설됐다고 한다. 중고생 자녀에게 삼성전자, 카카오, 테슬라, 애플 같은 주식을 사주는 부모가 증가하고 있다. 젊은 세대에게 주식을 선물하면, 건전한 재산 증식 방법을 배우고 자본주의의 꽃인 상장기업의 성장과 발전을 경험하는 경제교육 효과까지 기대할 수 있다. 드디어 한국에 주식 중심의 문화(equity culture)가 생기다니 반가운 일이다.

투자자 자신이 삼성전자에 입사하거나 자녀가 구글, 페이스북에 취직하지 않아도 이들 기업의 주주가 되면 수십조 원의 이익에 대해 지분율만큼 권리가 생긴다. 소수 주주도 기업의 주인이기 때문이다. 삼성전자의 경영진과 수천 명의 박사를 포함한 인재들이 지금 이 시간에도 주주를 위해 열심히 일하고 있다.

잊지 말아야 할 것은, 주식 투자에는 시간과 노력이 필요하다는 사실이다. 주식 투자는 좋은 기업을 매수해 기다리는 시간과의 싸움이고, 때로는 자기 자신과의 싸움이기도 하다,

Good Stock Bad Stock

좋은 주식
나쁜 주식

차례

프롤로그 _ 당신은 아직 주식을 모른다   004

1장   주식 투자 전에 답해야 할 10가지 질문

- 기업이 속한 산업 이해해야   016
- 시가총액은 아파트 매매가와 같다   019
- 곁에서 나를 지켜주는 효자 같은 기업을 찾아라   022
- 페이스북 영업이익률이 높은 결정적 이유   025
- 탁월한 CEO는 메리트이자 리스크   028
- 삼성전자 주가는 얼마나 갈까   031
- 애플 시가총액이 삼성의 5배나 되는 까닭은   035
- 안정적인 수익을 지속하는 패밀리 기업   038
- 국내 은행 주식, 사도 괜찮을까   042
- 주식 수익률 vs 부동산 수익률   045

2장   투자는 5할이 습관이다

- 기회는 생각보다 가까이 있다   050
- 정보를 찾고, 해석하고, 리스크를 살펴라   056

● 지나친 매매는 수익률을 떨어뜨린다　066

● 시가총액도 모르고 주식 투자를 한다고?　072

● 기업이라는 나무보다 산업이라는 숲을 보라　079

● 고성장 산업 vs 저성장 산업　085

● 의류산업의 강자, 스포츠웨어　092

3장　　시장의 원리를 알면 투자가 쉽다

● 주식시장은 어떻게 작동하는가　098

● 주가를 결정하는 5가지 요소 - 이익성장률　109

● 주가를 결정하는 5가지 요소 - 배당과 자사주　127

● 주가를 결정하는 5가지 요소 - 재무구조　139

● 주가를 결정하는 5가지 요소 - 금리　155

● 주가를 결정하는 5가지 요소 - 거버넌스　157

● 주식 분류하는 4분법　164

● 리스크 높은 금융, 안정적인 필수 소비재　183

● 주요 기업별 5대 리스크　192

● 월가는 자본집약적 비즈니스 모델을 좋아하지 않는다　217

● 성공하는 기업은 DNA가 다르다　225

4장　　　　　　　　　　　　　　**안정적인 수익을 올려줄 기업**

- 패밀리 기업　　　　　　　　　　　　　　　　　　　230
- 브랜드 가치가 높아지는 기업　　　　　　　　　　　249
- 대규모 R&D로 진입장벽 쌓는 기업　　　　　　　　258

5장　　　　　　　　　　　　　　　　　　**피해야 할 기업**

- 화려한 사옥을 짓는 기업　　　　　　　　　　　　　266
- 빚이 많은 기업　　　　　　　　　　　　　　　　　273
- 내수시장에서 장사하는 기업　　　　　　　　　　　277
- 정부의 간섭을 받는 기업　　　　　　　　　　　　　287

부록 : 주식 vs 부동산　　　　　　　　　　　　　　298
감사의 말　　　　　　　　　　　　　　　　　　　　305
주　　　　　　　　　　　　　　　　　　　　　　　306

1장

—

주식 투자 전에 답해야 할
10가지 질문

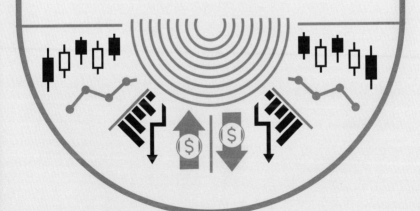

기업이 속한 산업 이해해야

연세대학교에서 산업분석, 재무분석, 기업 거버넌스 과목을 수강하는 학생들에게 학기 초에 항상 내는 문제가 있다. 전문적인 지식이 있어야 맞힐 수 있는 문제는 아니다. 학생들은 틀리는 문제가 더 많지만, 주식 투자자라면 상식으로 알아두어야 할 수준이다. 지금부터 문제를 풀어보자.

질문1 전 세계에서 가장 규모가 큰 산업은 무엇일까?

① 반도체   ② 스마트폰   ③ 자동차   ④ 럭셔리 명품

답은 ③번이다. 한국의 최대 수출산업이 반도체이므로 대부분 ①번을 선택한다. 그러나 압도적인 차이로 세계에서 가장 규모가 큰 산업은 자동차다. 2019년 기준 전 세계 자동차 산업 규모는 2조 2,500억 달러(2,475조 원)였다. 2020년에는 코로나19로 인해 감소했지만,

2019년에 9,000만 대의 자동차가 팔렸고 평균 단가는 약 2만 5,000 달러였다. 자동차 산업이 반도체와 스마트폰 산업을 합한 것보다 2배 이상 사이즈가 크다. 반도체 산업 규모는 4,120억 달러(453조 원), 스마트폰 산업도 비슷한 4,090억 달러(450조 원)다. 루이비통, 구찌 등 럭셔리 명품도 1년 매출이 3,290억 달러(362조 원)에 달하니 무척 큰 산업이다.

주식 투자의 출발점은 투자할 기업이 속한 산업에 대한 이해다. 2020년에 타계한 이건희 삼성그룹 회장이 관계사 사장들에게 항상 요구했던 것 중 하나가 자신이 맡은 사업의 본질에 대한 철저한 이해였다. 주식 투자도 마찬가지다. 관심 있는 기업이 영위하는 사업의 시장 규모, 성장성 및 성장 드라이브에 대한 지식이 중요하다.

기업 및 주가의 미래는 기업의 실력도 중요하지만 속해 있는 업종이 얼마나 고성장을 하느냐에 훨씬 더 많이 좌우된다. 아마존이 초우량 기업으로 성장한 것도 제프 베이조스라는 걸출한 CEO가 우수한 비즈니스 모델을 만들어 25년간 직접 경영한 이유도 있지만, 아마존의 주요 사업인 전자상거래와 클라우드 산업의 폭발적인 성장 덕택이었다.

테슬라의 주가가 2020년에 8배 오르고 시가총액이 700조 원을 상회한 것도 기본적으로 자동차 산업의 규모가 워낙 크기 때문에 가능했다. 물론 시장이 테슬라를 단순한 전기차 제조업체가 아니라 소프트웨어를 기반으로 다양한 부가가치를 창출할 수 있는 플랫폼

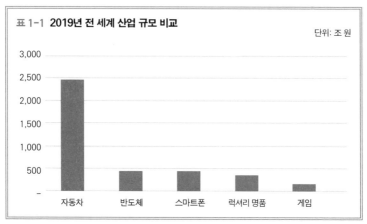

표 1-1 **2019년 전 세계 산업 규모 비교**

단위: 조 원

	자동차	반도체	스마트폰	럭셔리 명품	게임

출처 : 뱅크오브아메리카 메릴린치, 크레딧 스위스, SIA, 스태티스타, 베인앤컴퍼니, 뉴주

기업으로 보기에 삼성전자보다 시가총액이 큰 것이다.

BMW, 벤츠, 벤틀리, 포르쉐, 페라리, 롤스로이스 같은 명품 자동차의 연간 매출도 5,000억 달러(550조 원)가 넘는다. 구글이 웨이모(Waymo)를 통해 자율주행에 먼저 뛰어들었고 미국에서는 아마존, 애플, 마이크로소프트 등 빅테크(Big Tech)가 모두 참여했다. 중국에서도 알리바바, 텐센트, 바이두 등이 자율주행 시장을 선점하기 위해 뜨겁게 경쟁하고 있다.

LG화학, 삼성SDI 같은 전기차 배터리 업체들이 증시에서 주목받는 이유도 자동차 산업의 절대 규모 때문이다. 현재는 전기차 생산비용의 30~40%를 배터리가 차지한다. 10년 후 전기차 보급이 대폭 확산되면 전 세계 배터리 시장 규모는 수천억 달러에 달할 것이라는 계산이 나온다.

시가총액은 아파트 매매가와 같다

질문 2 다음 중 시가총액이 가장 큰 상장사는 어디일까?

① 룰루레몬 ② KB금융 ③ 아모레퍼시픽 ④ SK텔레콤

답은 ①번이다. 캐나다 밴쿠버에서 탄생한 룰루레몬(Lululemon)이 시가총액 51조 원으로 1등이다. KB금융은 17조 원, 아모레퍼시픽이 15조 원, SK텔레콤은 17조 원이다. 어떻게 요가복에서 출발한 스포츠웨어 브랜드가 국내 1위의 금융그룹, 한국 1위의 이동통신사 업자보다 시가총액이 많을 수 있을까. 참고로 스포츠웨어 분야 세계 1위인 나이키는 242조 원, 2위인 아디다스는 75조 원이다.

시가총액은 시장이 평가하는 기업의 가치다. 이는 기업의 과거, 현재, 미래를 반영하며 미래가 가장 중요한 변수다. 금년, 내년의 경영 성과가 중요하지만 영속기업으로 보면 5~10년 후 또는 그 이후의 장기 성장성도 주가에 많은 영향을 미친다.

아마존 주식이 2021년 추정 수익의 67배 PER(price to earnings ratio, 주가수익배수, 주가수익비율)에 거래된다. 이같이 높은 프리미엄에 거래되는 데는 향후 5~10년간 계속 초고속 성장을 할 것이라는 월가의 예상과, 지금 단정할 수는 없지만 향후 인공지능(AI), 헬스케어, 금융, 자율주행 등으로 산업을 확장해 성장을 유지하리라는 시장의 믿음이 깔려 있다.

부동산을 사고팔 때는 매매가를 열심히 따지면서 주식시장에서 같은 개념인 시가총액을 모르고 주식을 매매하는 경우가 많다. 아파트 구매자는 관심 있는 물건의 매매가 외에 평당 가격, 주변 시세, 학군, 전·월세 값도 따진다. 주식 투자자도 최소한 관심 있는 종목의 시가총액과 이와 경쟁하는 국내외 기업의 시가총액 움직임을 관찰하는 습관을 가져야 한다.

월가 애널리스트들은 룰루레몬이 2021년에 1조 원이 조금 넘는 순이익을 실현할 것으로 예상한다. 룰루레몬이 40배가 넘는 PER에 거래되는 이유는 프리미엄 스포츠웨어의 선두주자로서 높은 브랜드 가치와 성장에 대한 기대감 때문이다. 지난 10년간 룰루레몬 주가는 연평균 26% 상승했다. 영업이익률이 20%가 넘고 매년 이익이 급신장 중이다.

라이프 스타일이 변하면서 의류패션업에서 캐주얼화는 대세이고 코로나19 사태가 이를 더 가속화했다. 럭셔리 의류와 스포츠웨어가 의류시장 전체를 끌고 가고 있다. 유니클로의 야나이 다다시

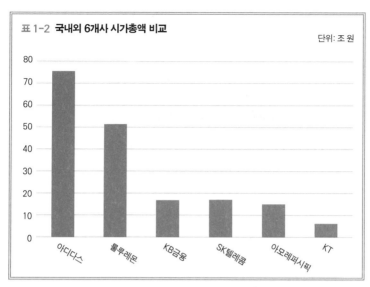

표 1-2 **국내외 6개사 시가총액 비교**

단위: 조 원

아디다스 / 룰루레몬 / KB금융 / SK텔레콤 / 아모레퍼시픽 / KT

출처: 각 사

회장은 2020년 8월 "코로나19로 10년치의 변화가 한꺼번에 불어 닥쳤다. 정장의 시대는 끝났다. 스포츠웨어를 평상복으로 입는 사람이 늘고 있다. 나이키와 아디다스가 우리 회사의 미래 라이벌이다"[1]라고 말해 화제를 불러 일으켰다.

룰루레몬의 비즈니스 모델은 뛰어나다. 단순히 기능성 요가복만 판매하는 것이 아니라 매장에서의 요가 수업 외에 온라인 요가 수업도 진행해 독자적인 커뮤니티를 확장 중이다.

곁에서 나를 지켜주는
효자 같은 기업을 찾아라

질문3 다음 중 지난 10년간 주식총수익률(배당 포함)이 연 20%에 달했던 기업은 어디일까?

① 삼성전자 ② 엔씨소프트 ③ LG화학 ④ 코스트코

답은 ④번이다. 창고형 할인매장 체인 코스트코의 주식총수익률 (total shareholder return, TSR)이 지난 10년간 연 20%였다. 같은 기간 삼성전자는 16%, 엔씨소프트는 18%, LG화학은 8%였다. 주식투자 시 손익을 손쉽게 계산하는 방법이 주식총수익률로, 월가에서도 많이 사용한다. 이는 일정 기간의 주가 움직임과 배당수익률을 합해 복리로 연율화(%)한 개념이다. 주주 입장에서 거둔 총투자수익을 알기 용이하게, 다른 회사와 비교하기 쉽게 퍼센티지로 표현한 것이다.

$$주식총수익률(\%) = 주가변화율 + 배당수익률^*$$

$$^*배당수익률(\%) = \frac{지난\,12개월간\,받은\,총\,현금배당}{주가}$$

복리의 힘은 막강하다. 특히 비즈니스가 안정적인 회사에 장기 투자하면 배당금을 포함한 총수익은 기하급수적으로 증가한다. 방어적이지만 두 자릿수의 높은 성장을 보이는 우량기업의 대표적인 사례가 코스트코인데, 2010년 이후 주당순이익(earnings per share, EPS)이 매년 12% 증가했다.

코스트코는 대표적인 구독경제(subscription business) 모델로, 전 세계 약 1억 명의 회원이 4만 원 정도의 연회비를 내므로 4조 원의 매출액이 경상적(recurring)으로 발생하고 이는 이익과 직결된다. 연회원의 90% 가까이가 갱신을 한다.

워런 버핏이 강조하는 투자 원칙은 이해하기 쉬운 제품이나 서비스, 해자(moat)가 있는 지속 가능한 경쟁력, 우수하고 도덕성을 갖춘 경영진을 모두 갖춘 기업에 투자하는 것이다. 우수한 비즈니스 모델에 대한 투자자의 신뢰가 강화되면서 5~10년 전 PER 기준으로 20~25배에 거래되던 코스트코 주식은 두 단계 레벌업(stock re-rating)되어 이제는 37배에 달한다. 물론 초저금리 덕에 PER이 과도하게 오른 감은 있다.

이와 유사한 종목이 국내에서는 LG생활건강이다. 화려하지 않지

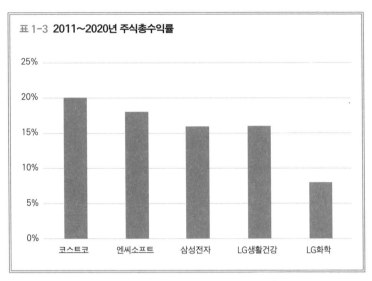

표 1-3 **2011~2020년 주식총수익률**

출처: 각 사

만 내 곁에서 항상 나를 돌봐주는 효자 같은 주식이다. 후, 숨 같은 프리미엄 화장품과 엘라스틴, 페리오 같은 생활용품, 코카콜라 같은 음료가 주력인 LG생활건강은 2004년 말 차석용 CEO 겸 부회장 부임 당시 2만 7,000원이던 주가가 현재는 162만 원이다. 시가총액은 29조 원이다. 꾸준한 이익 성장세에 힘입어 주가는 지난 10년간 연 15% 올랐다. 2020년 1%의 배당수익률도 예상된다. 재미없어 보이는 종목이지만, 6년 전 LG생활건강 주식을 매수한 투자자는 배당을 포함해 투자 원본이 2배가 됐다.

페이스북 영업이익률이 높은 결정적 이유

> **질문 4** 페이스북은 한때 영업이익률이 50%에 달했다. 최근 정부 규제
> 가 강화되어 각종 비용이 증가했지만 지금도 마진은 30%를 훌쩍 넘는
> 다. 일반적으로 영업이익률이 10%를 넘으면 증시는 괜찮은 기업이라
> 고 평가하는데, 페이스북의 마진이 유달리 높은 이유는 무엇일까?
> ① 사용자 수가 많다.
> ② 세금을 거의 내지 않는다.
> ③ 원재료 비용이 거의 없다.
> ④ 설비 투자, R&D가 필요 없는 비즈니스 모델이다.

답은 ③번이다. 페이스북의 영업이익률이 우수한 가장 큰 이유는
원재료 비용이 거의 없기 때문이다. 페이스북은 수익성이 뛰어나다
는 빅테크 5개사 중에서도 유달리 영업이익률이 높다. 2017년 영업
이익률은 50%에 달했는데, 이후 설비 투자와 R&D 비용이 급증한

데다 미국과 유럽에서 이용자 데이터 보호 조치를 강화하고 과징금을 부과하는 등 시장 내 반독점 지위를 견제함에 따라 추가비용이 발생하기 시작했다. 2018년에 영업이익률이 45%로 둔화되더니 2019년과 2020년에는 34% 수준을 유지하고 있다. 참고로 2019년 애플의 영업이익률은 25%, 아마존은 5%, 마이크로소프트는 34%, 알파벳은 21%였다. 테슬라는 영업적자였다.

영업이익이란 순수하게 영업을 통해 벌어들인 이익으로, 매출에서 각종 비용(생산과 관련된 매출 원가와 판매 및 일반 관리비)을 뺀 기업 본업과 관련된 핵심 지표다. 이 영업이익을 매출액으로 나눈 수익성 지표가 영업이익률이다.

페이스북은 세계화, 기술 발전, 네트워크 효과를 백분 활용해 고수익을 내는 대표적인 사례로, 비즈니스 모델이 우월하다. 가령 우리는 매일 페이스북 플랫폼(페이스북 외 인스타그램, 왓츠앱, 메신저 등)에 들어가 개인정보를 올리고 친구들의 소식을 확인한다. 페이스북은 우리에게 사용료를 받지 않지만 소중한 우리의 개인정보를 무료로 제공받고 이를 토대로 거대한 플랫폼을 운영한다.

매일 18억 명(월 기준 27억 명)의 페이스북 가입자가 플랫폼에 들어와 자발적으로 제공하는 위치, 방문 장소, 구매한 물건, 친구 네트워크, 금융 거래 내역, 병원 기록 등 각종 데이터가 페이스북 입장에서는 원재료가 되는 셈이다. 페이스북은 이 데이터를 이용해 광고사, 리테일러들로부터 매출을 창출한다.

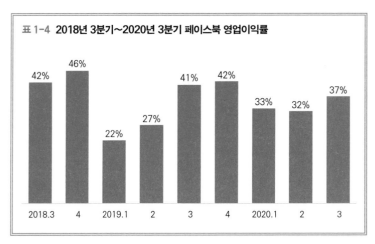

표 1-4 **2018년 3분기~2020년 3분기 페이스북 영업이익률**

출처: 페이스북

페이스북의 2020년 반기 실적을 보면, 원재료비가 포함된 매출 원가(73억 달러)가 R&D 비용(85억 달러)보다 적다. 매출 원가에는 소프트웨어 엔지니어 인건비뿐 아니라 각종 비용이 모두 포함되는데도 매출에서 차지하는 비중이 20%밖에 되지 않는다.

탁월한 CEO는 메리트이자 리스크

질문 5 테슬라의 주가는 경이적인 성과를 보이고 있다. 월가의 애널리스트들은 테슬라의 소프트웨어 개발 능력, 시스템 운영 노하우, 배터리 기술을 뒤늦게 인정하고 매수 추천과 동시에 공격적인 목표 주가를 제시하고 있다. 그러나 테슬라 주가는 추가 상승 여력도 많지만 하락 가능성도 있다. 테슬라 주식을 장기 보유하는 투자자에게 가장 큰 리스크는 무엇일까?

① 애플, 구글 웨이모 등 빅테크의 전기차 시장 진입 가능성

② 일론 머스크

③ 자금 부족

④ VW, 현대차, GM 등 내연기관 업체의 전기차 생산 증가로 인한 경쟁 심화

답은 ②번이다. 테슬라 주주는 키맨(key man) 리스크를 주의해야 할

것이다. 키맨이란 조직에서 핵심이 되는 인물을 가리킨다. 키맨 의 존도가 지나치게 높으면, 그의 신상에 문제가 발생했을 때 조직이 정상적으로 가동하지 못하는 상황이 발생한다.

최근 미국시장을 주도하는 테슬라, 아마존, 페이스북 등은 창업자나 최대 주주가 CEO 역할을 하면서 기업 전략 수립 등 경영에 깊숙이 관여하고 있다. 모두 키맨 리스크가 큰데, 특히 테슬라가 심하다. 일론 머스크는 천재 경영자다. 그는 현실에 안주하지 않고 끊임없이 새로운 영역에 도전한다. 당장은 아니겠지만 걱정되는 시나리오는, 테슬라가 일정 궤도에 진입하면 머스크가 지분을 매각하고 본인이 대주주인 민간 우주개발 업체 스페이스X 사업에 전념하는 것이다. 머스크는 예전부터 화성으로 이주한다는 꿈을 가지고 있었으며 물리학도였던 그는 로켓 도면을 직접 그리기도 했다.

스페이스X는 2002년 머스크가 사재 1억 달러를 출자해 만든 회사로, 그가 많은 애착을 가지고 있다. 스페이스X는 기업가치(enterprise value)가 이미 460억 달러(51조 원)에 달하고 전 세계 우주 관련 스타트업 중 가장 유망하다는 평을 받고 있다. 최근 머스크의 트윗을 보면 90% 이상이 우주, 화성, 스페이스X 관련 내용이다.

2004년 테슬라 전기차 사업에 뛰어들기 전, 머스크는 두 차례나 창업해 성공적으로 매각한 적이 있다. 1999년 인터넷 기업 Zip2를 컴팩컴퓨터에 매각해 20대에 2,200만 달러(242억 원)라는 큰 현금을 쥐었고, 그 후 새롭게 창업한 인터넷은행 엑스컴이 페이팔과 합병됐다. 페이팔은 2002년 이베이에 매각돼 머스크는 지분 매각으로 세후 1억 8,000만 달러(2,000억 원)라는 거금을 확보했다. 이 돈으로 테슬라에 투자하고 경영에 참여한 것이다. 이미 머스크의 테슬라 지분 가치가 150조 원이 넘은 지금 그는 무슨 생각을 하고 있을까.

투자에는 항상 리스크가 따른다. 동학개미와 외국인 투자자의 가장 큰 차이는 아마도 리스크에 대한 태도일 것이다. 외국인 투자자들은 투자 대상의 리스크를 철저히 분석하고 헤지펀드는 리스크를 회피하는 방법을 찾는다. 투자 종목을 선정할 때 1년, 3년 후의 목표 주가를 정하고 5대 리스크(3장 참고)를 따지는 습관을 들이면 실수를 줄일 수 있다.

삼성전자 주가는 얼마나 갈까

질문6 반도체, 자동차, 항공, 석유화학, 철강, 조선 등은 경기에 따라 기업의 이익이 크게 좌우되는 대표적인 경기민감주(cyclical)다. 이런 주식은 언제 매수해야 수익이 극대화될까?

① PER이 낮을 때

② PER이 높을 때

③ 단기 매매는 어렵지만 장기 보유하면 연 10% 이상의 수익을 기대할 수 있다.

④ 수익을 내기 어렵다.

답은 ②번으로, PER이 높을 때(또는 적자여서 PER 계산이 불가능할 때) 매수하고 PER이 가장 낮을 때 매도하는 전략을 추천한다. 경기민감주는 일반적인 투자 흐름과 거꾸로 갈 때 많은 수익을 거두기 때문이다.

투자 적기는 전망이 매우 어두워져 이익이 거의 없거나 때로는 적자가 나는 시점이다. 즉 해당 산업 경기의 과거 저점인 'T-9개월' 전후다(표 1-5). 이때는 1년 전망치 기준 PER이 수십~수백 배로, 모든 투 자자가 외면하는 시점이다.

반면 이익이 정점에 달하면(다음 정점인 'T+18개월') 분모가 너무 커져서 PER이 수배밖에 되지 않는다. 시장은 펀더멘털을 미리 반영하는 경향이 있기 때문에 주가의 바닥과 정점은 기업이익의 변곡점에 선행한다.

경기민감주가 위험하지만 '대박'을 터뜨릴 수 있는 이유는 철저히 소외될 때 주가가 과도하게 하락하기 때문이다. 한 사이클의 평균을 놓고 보면 이런 기업은 ROE(return on equity, 자기자본이익률)가 높지 않다.

아마추어 투자자들은 경기민감주에 잘못 투자해 손해를 보기 십상인데, 이는 기업 및 산업의 사이클에 대한 이해가 부족하고 주가를 객관적으로 따져보지 못하기 때문이다.

삼성전자도 '반도체 및 IT 경기민감주'다. 업종 내 리더십이 강화되면서 지난 10년간 이익률의 저점과 고점 모두 높아진 것이 삼성전자의 특징이다. 2019년에 바닥을 치고 이제 새 사이클이 시작됐다. 2020년 말에 주가가 8만 원을 돌파한 이유다.

삼성전자의 주가는 장기이익 사이클과 동행하고 있다. 이익의 변곡점 부근에서는 주가가 이익을 선행했다. 주가는 부침이 있겠지만

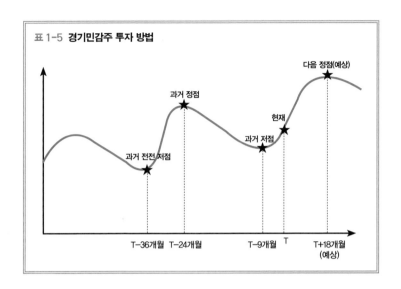

표 1-5 경기민감주 투자 방법

과거 정점

다음 정점(예상)

현재

과거 저점

과거 전전 저점

T-36개월　T-24개월　　　T-9개월　T　　T+18개월
(예상)

앞으로 12~18개월간 이번 이익 사이클의 피크를 찾는 작업을 계속할 것이다. 모든 애널리스트가 삼성전자의 이익이 2022년까지 개선된다고 예상하고 있다. 과거의 사이클을 적용해보면 아마 2022년이나 2023년이 이익의 정점이 될 것 같다.

애널리스트들은 사이클이 개선될 때 서로 눈치를 보며 보수적으로 추정하는 성향이 있다. 이를 감안해서 2018년의 최고 마진 24%가 재현될 수 있다고 가정해보자. 그러면 70조 원의 영업이익을 2022년에 달성한다. 2020년 영업이익의 2배나 되는 수준이다.

과거 사이클의 주가 정점인 5만 7,000원(2017년 11월 주가 기준)은 그 이듬해인 2018년 피크 주당순이익(peak earnings) 대비 9배 PER 수준이었다. 최근 저금리 상황, 이익 변동성 둔화 및 거버넌스 일부 개선을 감안하여 과거보다 높은 12~15배 PER 피크 주가 평가(peak stock valuation)를 적용해 2022년 주당순이익에 곱하면 예상 주가 는 9만 3,600~11만 7,000원이다.

애플 시가총액이 삼성의 5배나 되는 까닭은

질문7 삼성전자의 시가총액은 544조 원이고, 애플은 그 5배에 가까운 2,461조 원이다. 애플은 아이폰을 중심으로 웨어러블 기기·서비스 등으로 사업을 다각화 중이다. 삼성전자는 스마트폰 판매 대수에서 애플을 앞서고 그 외 반도체, 부품, 가전 등 다양한 제품을 제조·판매한다.

삼성전자의 비즈니스 포트폴리오가 애플보다 좋아 보이는데 시가총액이 5분의 1 수준인 이유로 합당한 설명이 아닌 것은 무엇일까?

① 애플의 거버넌스가 삼성전자보다 우월하다.

② 애플은 지난 2년간 순이익 규모를 넘는 자사주 매입소각을 단행했다.

③ 시장은 삼성전자처럼 많은 설비 투자가 요구되는 제조 중심의 비즈니스 모델보다 애플 같은 디자인, 소프트웨어 중심의 자산경량화 모델을 좋아한다.

④ 중국의 추격으로 2~3년 후 삼성전자의 반도체 사업 경쟁력이 우려
   된다.

답은 ④번이다. 월가는 여러 면에서 애플이 삼성전자보다 한 수 위
라고 생각한다. 거버넌스 이슈가 삼성전자 주가의 발목을 잡는 것
도 사실이다. 애플 CEO 팀 쿡은 주주 환원 차원에서 지난 2년간 연
평균 77조 원의 자사주 매입소각을 단행했다.

2021년 수익 추정 기준으로 삼성전자의 PER은 14배, 애플은 33
배다. 이처럼 주가 평가(valuation)가 크게 차이 나는 근본적인 이유
는 비즈니스 모델 때문이다.

중국의 '반도체 굴기'는 최근 시행착오를 겪으면서 모멘텀이 꺾
였지만 중앙 정부가 재추진할 것이다. 세계 최대의 반도체 수입국
인 중국으로서는 절대 포기할 수 없는 산업이다. 그러나 '초격차'
경쟁력을 가진 삼성의 메모리 반도체를 중국이 5년 안에 추격할 가
능성은 전혀 없다.

세계 금융시장은 삼성전자를 세계 최고의 경쟁력을 가진 'IT 하
드웨어 업체'로만 생각한다. IT 하드웨어는 장치산업이다. 반면 애
플은 '10억 명의 충성 고객으로 구성된, 막강한 생태계를 가진 플랫
폼'으로 변신했다고 보고 주가 프리미엄을 부여한다.

삼성전자가 한국 대기업 중 가장 성장성이 높고 주가도 저평가
된 것은 사실이다. 그러나 월가는 아무리 수익성이 높아도 매년 수

표 1-6 삼성전자 주가 평가 vs 애플 주가 평가

	삼성전자	애플
주가(2020년 12월 31일 기준)	8만 1,000원	133달러
시가총액(우선주 포함)	544조 원	2,461조 원
2021년 추정 순이익	39조 원	74조 원
PER(시가총액/2021년 순이익 추정)	14배	33배

십조 원을 공장과 설비에 투자하는 하드웨어 중심의 자본집약적 비즈니스 모델에 프리미엄을 주지 않는다.

21세기는 자산, 매출 기준으로 '덩치 큰' 기업이 아니라 사람, 지식, 기술, 데이터를 가진 '똑똑한' 기업이 지배한다. 버핏은 애플이 IT기업이라기보다는 경상적 이익이 장기간 지속적으로 창출되는 세계 최고의 컨슈머 기업이라고 생각한다.

증시가 자본집약적 기업에 후한 점수를 주지 않는 이유는 이익의 변동성 때문이다. 산업의 성격상 대규모 투자는 제품가격 등락을 유발해 이익 예측을 어렵게 만든다. 100명 가까운 애널리스트가 삼성전자를 커버하지만 수익 예상은 번번이 빗나간다.

삼성전자와 애플 모두 총자산이 370조 원 규모지만 그 내용은 매우 상이하다. 애플은 총자산의 58%가 잉여현금이다. 제조에 사용되는 유형자산은 42조 원으로 총자산의 11%에 불과하다. 반면 삼성전자는 비즈니스 특성상 매년 30조 원 이상을 설비 투자에 사용하기 때문에 유형자산이 125조 원으로 총자산의 33%에 육박한다.

안정적인 수익을 지속하는 패밀리 기업

質問8 유럽의 럭셔리 브랜드는 대부분 패밀리 기업이며 대부분 증시에 상장돼 있다. 다음의 명품 브랜드 중 상장하지 않고 창업 가문이 지분을 그대로 소유하고 있는 곳은 어디일까?

① 샤넬 ② 에르메스 ③ 루이비통 ④ 몽클레르

답은 ①번이다. 명품 중의 명품 자리를 놓고 에르메스와 다투는 샤넬은 폐쇄적인 패밀리 원칙 때문에 주식을 상장시키지 않는다. 1910년 파리에서 창업한 이후 경영 성과도 가문의 비밀로 유지하다가 2017년에야 108년 만에 처음으로 실적을 공개했다. 예상대로 초우량 기업이었다.

영업이익률은 28%로 밝혀졌는데, 에르메스(30% 상회)보다는 낮지만 업계 최고 수준이었다. 매출 규모는 구찌를 능가하고 루이비통과 유사한 수준이었다. 루이비통 브랜드를 소유한 LVMH(Louis

Vuitton Moet Hennessy)와 에르메스의 주식은 파리 거래소에 상장돼 있고 몽클레르 주식은 밀라노 거래소에서 유통된다.

스위스계 금융기관인 크레딧 스위스(Credit Suisse)의 분석에 따르면, 2006년 이후 전 세계 주요 패밀리 기업의 주가는 다른 상장사에 비해 매년 3.7%포인트 높은 성과를 보였다. 패밀리 기업들은 주인의식이 강해 항상 장기적 관점에서 투자하고 지속적으로 안정적인 수익을 창출하기 때문이다.

매출 증가율도 일반적인 기업보다 4~5%포인트 높고 마진도 2%포인트 우월하다. 대주주인 가족뿐 아니라 소수 주주도 주가 상승에 따른 이익을 보는 윈-윈이 가능하다. 다만 패밀리 기업의 주가도 1대 및 2대는 매우 성과가 좋지만 '금수저' 부작용이 나타나는 3대부터는 실적이 떨어진다.

패밀리 기업은 월마트, 에스티로더, 허쉬, 포드 등 미국뿐 아니라 칼스버그, 하이네켄, BMW, 로레알, 로슈, 인디텍스(Inditex, 자라 모기업) 등 유럽에도 많다. 특히 유럽 럭셔리 브랜드는 거의 패밀리 기업이다. 프랑스의 LVMH, 케어링(Kering), 에르메스, 샤넬 및 이탈리아의 몽클레르, 프라다가 대표적이다.

세계 최대 유통업체인 월마트의 월튼(Walton) 패밀리는 회사 지분 50%를 보유하고 있다. 창업 가문의 지분가치만 230조 원에 달한다. 리스크가 낮고 비즈니스 모델이 우수한 월마트 주가는 지난 10년간 꾸준히 연 10% 올랐다. 매력적인 월마트 주식을 장기 보유

표 1-7 **2006년 이후 패밀리 기업 주가 vs 일반 상장사 주가(2006년 1월을 100으로 지수화)**

출처: 크레딧 스위스, 톰슨로이터 데이터스트림

하는 것은 월튼가와 한 배를 타는 셈이다.

　우리에게 친숙한 미국의 초콜릿 제조판매사 허쉬는 1894년에 허쉬(Hershey) 패밀리가 창업했다. 초콜릿 비즈니스는 영업이익률이 20%가 넘고 지속적인 성장이 가능하다. 주가도 지난 10년간 해마다 11% 상승했다. 보너스로 2% 정도의 배당수익률도 기대할 수 있다.

　M&A를 통해 사세를 키워 루이비통, 크리스찬 디오르, 펜디(Fendi), 세포라(Sephora) 등 75개의 럭셔리 브랜드 포트폴리오를 보유한 LVMH는 시가총액이 340조 원이다. 베르나르 아르노(Bernard

Arnault) 회장의 딜 솜씨 덕분에 지난 10년간 주가가 연 15% 상승했다.

구찌, 보테가 베네타 등 15개 명품 브랜드를 소유한 케어링 그룹도 매력적인데, 프랑수아 앙리 피노(Francois-Henri Pinault) 회장 패밀리가 41%의 지분을 소유하고 있다. 1천만 원이 넘는 버킨백, 켈리백으로 유명한 에르메스와 수백만 원대의 겨울 패딩 판매사 몽클레르도 패밀리 기업이다. 장기 투자 시 이들 패밀리와 함께 성장할 수 있다.

국내 은행 주식, 사도 괜찮을까

질문 9 지난 10년간 KB금융, 우리금융, 신한지주, 하나금융 등 국내 4대 금융지주사의 주가(배당 제외)는 매년 얼마나 상승했을까?

① 연 6% ② 연 3% ③ 연 0% ④ 연 -3%

답은 ④번이다. 지난 10년간 국내 은행산업을 대표하는 금융지주사의 주가는 지속적으로 하락했다. 주식총수익률 측면에서는 배당이 주가 하락을 상쇄했지만 4대 금융지주사의 주가는 10년간 연평균 3% 하락했다. 우리금융(-5%)과 신한지주(-4%)의 낙폭이 컸고 KB금융(-3%)과 하나금융(-2%)도 큰 차이가 없다.

금융주의 매력도는 주가가 순자산 가치 대비 몇 배에 거래되는지 나타내는 PBR(price to book value ratio, 주가순자산배수, 주가순자산비율)을 사용해 평가한다. PBR이 낮으면 주가가 저평가됐다고 주장할 수도 있지만, 증시가 기업의 펀더멘털을 심각하게 우려한다는

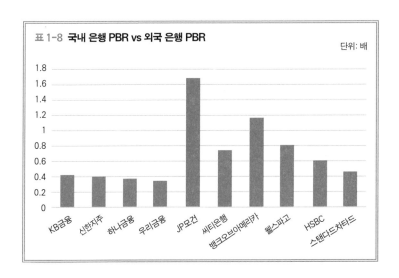

표 1-8 국내 은행 PBR vs 외국 은행 PBR

단위: 배

(세로축: 0, 0.2, 0.4, 0.6, 0.8, 1, 1.2, 1.4, 1.6, 1.8)

(가로축: KB금융, 신한지주, 하나금융, 우리금융, JP모건, 씨티은행, 뱅크오브아메리카, 웰스파고, HSBC, 스탠다드차타드)

뜻이다. 국내 4대 금융지주사의 PBR은 0.4배로 전 세계에서 가장 낮은 수준이다. 심지어 중국 공산당이 대주주인 중국 4대 은행 PBR 보다도 낮다. 증시는 왜 배당수익률이 6%나 되는 한국 4대 금융지 주사에 대해 이처럼 혹독한 평가를 할까?

바로 과도한 정부 간섭 때문이다. 경영의 초점을 연임에 맞추는 금융지주사 수뇌부, 구조적인 내수 침체, 핀테크사와의 경쟁도 모 두 악재다.

해외에서는 홍콩과 런던에 동시 상장된 스탠다드차타드와 HSBC 의 주식이 저렴하다. PBR이 각각 0.5배, 0.6배인데, 중국과 아시아 의 경제 회복이 본격화되면 이익 개선이 눈에 띄게 빨라질 수 있다. 지금 눈에 보이는 국내 4대 지주사의 배당수익률은 6%로 높아 보이지만, 이익이 감소하면 배당도 하향 조정된다.

은행업은 미래가 불투명하다. 비용은 여전히 높고 경쟁이 심해 가격결정권도 없다. 카카오뱅크, 네이버파이낸셜 같은 핀테크사에 시장을 계속 잠식당할 것이다. 적자 지점을 닫고 싶어도 감독 당국이 승인해주지 않아 방대한 지점 네트워크를 끌고 가야 하는 국내 은행의 주식을 장기 투자자는 매수할 이유가 없다.

주식 수익률 vs 부동산 수익률

질문 10 지난 10년간 서울 아파트와 미국 주식 중 어느 쪽 수익률이 더 높았을까?

① 서울 아파트

② 미국 주식

③ 둘 다 연 14%로 동일

④ 부동산 수익률은 계산 불가

답은 ②번이다. 지난 10년간 미국 주식의 총수익률은 배당을 포함해 연 14%였다. 한편 2008년 말부터 서울 아파트 총수익률은 임대수익 추정치 2~3%를 포함해 연 8~9%였다. 1950년 이후 미국, 유럽, 일본 등 선진 16개국 사례를 봐도 주식은 총수익률이 13%로 주거용 부동산의 총수익률 12%를 조금 앞선다.

한국 주식의 총수익률은 지난 10년간 연 7%, 전 세계 주식은 연

10%였다. 같은 기간 삼성전자는 배당을 포함해 연 16%의 총수익률을 기록했다. 삼성전자를 제외한 국내 주식의 총수익률은 연 3%에 불과했다. 삼성전자를 제외하면 지난 10년간 대부분의 국내 주식은 투자 메리트가 없었다는 얘기다.

아파트 총수익률 = 집값변화율 + 임대수익률

주식총수익률 = 주가변화율 + 배당수익률

부동산 투자수익은 집값 상승에 따른 시세차익과 임대수익을 합한 것이다. 마찬가지로, 주식 투자수익은 주가 상승에 따른 시세차익과 배당금의 합이다. 2020년 여름 대한민국을 달군 뉴스는 "서울 아파트 평균 매매가격이 10억 원을 돌파했다. 2013년 5억 원 초반에 머물던 평균 매매가격이 7년 만에 2배로 치솟았다"였다.

7년간 5억 2,000만 원에서 10억 1,000만 원으로 상승했다는 것은 매년 9.9%씩 가격이 올랐다는 얘기다. 이는 복리의 마법이다. 두 자리에 가까운 상승이지만 세상이 놀랄 만한 일은 아니다. 초저금리 시대에 위험자산인 부동산이나 주식이 연 10% 상승하는 것은 지극히 정상 아닌가.

공무원, 정치인, 언론인, 시민단체 모두 객관적인 계산 없이 주먹구구식으로 부동산 시장을 판단하고 자기주장만 펼치니 한심하다. 부동산은 최소 10년 이상 장기적인 관점에서 복리로 연 수익률을

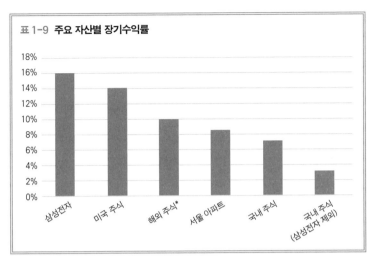

표 1-9 주요 자산별 장기수익률

삼성전자	미국 주식	해외 주식*	서울 아파트	국내 주식	국내 주식 (삼성전자 제외)

* 해외 주식은 미국 주식 포함
** 주식은 과거 10년간, 부동산은 과거 11년간

계산한 후 주식 같은 다른 위험자산의 수익률과 비교해야 한다. 주식과 부동산은 같은 점도 있지만 성격이 매우 다른 자산이다. 특징을 정리해보면 다음과 같다.

- 주식은 부동산보다 총수익률이 조금 높지만 변동성이 훨씬 크고 경기의 영향을 많이 받는다.
- 부동산은 주식보다 리스크가 적다. 총수익률에서 안정적인 임대수익이 차지하는 비중이 (집값 상승보다) 크기 때문이다.
- 주식은 총수익률에서 안정적인 배당의 비중이 적다. 주가 상승이 훨씬 더 중요하다.

- 21세기 들어 아마존, 페이스북, 알파벳, 테슬라처럼 배당 없이 고성장을 무기로 한 주가 상승을 통해 주주에게 보답하는 기업들이 증가하는 추세다.
- 주거용 부동산 수익률과 주식 수익률의 상관관계는 낮으므로 두 자산을 동시에 보유하면 리스크 축소가 가능하다.

국내외 주식과 부동산의 장기수익률을 비교·분석해서 나온 결론은, 여유자금이 있을 때마다 좋은 주식을 적정한 가격에 매수해 장기 보유하는 것이다. 우량한 주식이 아파트보다 높은 수익을 낸다는 사실은 이미 증명됐다. 하지만 부동산은 대출이나 전세 등 레버리지를 이용해 투자 효과를 극대화할 수 있는 장점이 있다.

2장

—

투자는 5할이
습관이다

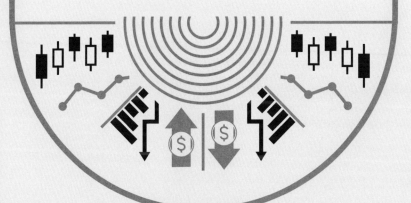

기회는 생각보다 가까이 있다

테슬라 투자자라면 모델 3 시승을

세계에서 가장 성공한 투자자 버핏은 자신이 모르는 산업에는 절대 투자하지 않는다는 원칙을 평생 지켰다. 시장의 관심이 IT업종에 집중돼 주가가 폭등해도 눈길 한 번 주지 않았다. 그래서 큰 실수를 하지 않은 것이다.

버핏의 생각은 이것이다. '세상에는 투자할 수 있는 좋은 기업이 많은데 왜 굳이 잘 모르는 분야에 베팅해야 하는가.' IT기업이 아니라 강력한 생태계를 구축한 컨슈머 기업으로 인식했기 때문에 그는 애플에 투자한 것이다.

역사상 가장 성공한 헤지펀드 중 하나로 평가받았던 미국의 타이거 매니지먼트도 리서치 및 정보 접근(information access)에서 비교 우위가 있는 소비/컨슈머, 헬스케어/제약, 금융, 통신 등 일부 업종에 투자를 집중했다. 첨단 IT 산업은 워낙 기술혁신이 빠르게 이뤄져 뉴욕에 본사가 있던 타이거가 핵심 기술을 정확히 이해하기 어렵고 실리콘밸리의 변화 속도를 따라잡기도 어렵다고 판단했기 때문일 것이다.

서학개미가 테슬라 주식 11조 원어치를 보유하고 있다고 한다. 그런데 서학개미 가운데 막상 테슬라 전기차를 시승해본 사람이 얼마나 될까. 테슬라 주식에 투자했는데 그 제품을 경험해보지 않은 것은 투자자로서 첫 단추를 잘못 끼운 것이다. 테슬라 매장에 전화하면 모델 3, 모델 S, 모델 X 시승 예약을 도와준다. 물론 주주라고 그 기업 제품을 테스트해볼 권리가 있는 것은 아니다. 하지만 성공 투자의 출발점은 어떤 제품이나 서비스를 경험한 뒤 그 기업에 관심을 가지면서 뉴스를 챙기고 경영 성과도 체크해보는 습관을 만드는 것이다.

내가 테슬라에 관심을 갖게 된 것은 2015년 홍콩에서 일할 때 친구의 모델 S를 타본 후였다. 앞자리 가운데에 달린 17인치 크기의 세로형 디스플레이는 충격적이었고, 전기차의 가속력은 완전히 새로운 경험이었다. 정지 상태에서 시속 100km에 도달하는 시간인 제로백이 4초 미만이었다.

2017년 말에 서울에서 테슬라 전기차를 구매했다. 처음에는 충전의 불편함이 있었지만 자동차의 성능, 제로에 가까운 유지비 등 장점이 단점을 압도한다고 느꼈다. 아침에 테슬라를 타면 가끔 소프트웨어 업그레이드가 완료됐다고 디스플레이어에 떴는데 기계가 아니라 IT 기기라는 느낌이 들기도 했다.

백점 만점에 120점이라고 테슬라 전기차의 경험을 전파하고 있던 2018년 초, 테슬라 주가는 현재의 13분의 1 수준인 50~60달러를 횡보하고 있었다. 불과 3년 전이지만 당시만 해도 월가는 물론 자동차 업계 역시 전기차의 미래에 대해 반신반의하던 상황이었다. 국내 유수의 자동차 부품사 회장님도 테슬라의 캘리포니아 프리몬트 공장 방문 후 한국의 자동차 조립라인에 비하면 수준이 크게 떨어진다고 평가절하하던 시절이었다. 그러나 테슬라 제품을 경험해본 나는 테슬라의 비즈니스 모델이 우수하다는 사실을 직감했다.

실생활에서 투자 아이디어를 찾은 또 하나의 사례는 아이팟이었다. 21세기 최고의 소비자 제품이자 시대의 아이콘인 애플의 아이폰은 스티브 잡스가 2007년 전격 출시했다. 아이폰의 모태는 2001년 세상에 나온 아이팟이었다. 잡스가 외형 및 디자인에 깊숙이 관여했다고 알려진 아이팟은 사용하기 쉬운 유저 환경과 심플한 디자인을 기반으로 만든 휴대용 디지털 음악 플레이어다. 스트리밍 음악 서비스의 성장에 따라 더 이상은 애플의 주요 제품이 아니지만 아이팟은 이미 4억 개 이상이 팔렸고, 6년 후 탄생할 아이폰을 예견하는 히트 상품이었다.

2003년 말에 설립한 외국인 투자자 전용 헤지펀드를 운용하기 위해 가족과 함께 싱가포르로 이주해 살던 때, 매일 아침 특이한 광경을 목격했다. 국제학교를 다니던 아이들을 태워주기 위해 스쿨버스에 올라가 보면 버스 안의 모든 학생이 아이팟으로 음악을 듣고 있었다. 당시 초등학교 4학년이던 첫째가 졸라서 30만 원이 넘는 고가의 아이팟을 사줬던 기억이 난다.

현재 130달러인 애플 주식이 2004년 상반기에는 1달러 미만에 거래되고 있었다. 세계 최고의 브랜드인 애플은 재탄생했고 그 후 아이폰, 아이패드, 에어팟, 애플워치로 이어진 애플의 프리미엄 제품 포트폴리오가 막 서막을 연 것이었다.

주식 투자는 어렵게 느껴진다. 하지만 실생활의 경험을 응용하면 재미도 있고 성공 가능성이 높아지며 실수를 줄일 수 있다.

변화를 놓치지 마라

주가는 기업의 펀더멘탈에 변화가 생길 때 크게 오르거나 내린다. '변곡점(inflection point)'이라고도 한다. 매년 5% 성장하던 기업이 15~20% 고성장 기어로 바뀌는 시점이다. 우리가 좋아하는 독일의 아디다스 주가는 2016년 100유로에서 시작해 290유로까지 뛰었다. 과거 평범했던 디자인이 업그레이드되고 쿨(cool)한 요소까지 가미돼, 부동의 1위 나이키 신발보다 모멘텀이 좋아진 것이다. 즉 상향 변곡점을 돌파했다.

반대로 정부가 만들어준 틀 안에서 '평화롭던' 업종에 강력한 플랫폼을 가진 신규 플레이어가 진입하면, 기존기업들은 하향 변곡점을 돌파한다. 2020년 말에 카카오뱅크는 미국계 사모펀드 TPG 등의 투자를 유치하면서 기업가치를 9조 3,200억 원으로 평가받았다. 4대 금융지주사 중 하나인 우리금융의 시가총액 7조 원을 훨씬 뛰어넘는 금액이다.

설립 2년 차인 2018년에 카카오뱅크 가입자가 수백만 명을 돌파하면서 4대 금융지주사들은 모두 하향 변곡점을 돌파했다. 4대 지주사 중 가장 낫다는 KB금융도 2008년 고점에서 2020년 저점까지 주가가 50% 하락했다. 놀라운 것은 신한은행, 하나은행, 씨티은행 등 주요 은행에 근무하는 내 후배들이 계좌이체 때는 모두 카카오뱅크 앱을 사용한다는 사실이다.

카카오뱅크는 매달 1,250만 명이 접속하는, 한국인이 가장 많이 사용하는 은행 앱을 가졌다. 카카오뱅크가 앞으로 더 잘하리라는 기대감이 강화되고 있는 반면 전통 은행들은 카카오뱅크에 고객, 브랜드, 이익을 빼앗길 것으로 전망된다. 거스를 수 없는 흐름이다.

관심이 있고 정보 접근에 유리한 제품 및 서비스 동향에 관심을 가져라. 국내외 뉴스, 각종 매체, 인터넷에 올라오는 소비자 반응을 살피는 것도 중요하다. 본인과 친구들이 게임을 즐기는 경우 국내외 게임회사나 엔비디아(Nvidia) 같은 비주얼 컴퓨팅 기술 선도 기업 투자에 비교 우위가 있을 것이다.

개인적 네트워크, 지인과의 만남을 통해 얻는 산업에 대한 인사이트도 중요하다. SK하이닉스에 반도체 장비를 납품하는 회사에 근무하는 친구가 있다면 그와의 대화를 통해 내년 메모리 반도체 사이클에 대한 감을 잡을 수 있다.

일단 변화가 감지되면 이를 꼼꼼히 따지는 습관이 중요하다. 소비자 제품이라면 남보다 먼저 테스팅해보는 것이 그 기업의 실적을 가늠하는 데 도움이 된다. 10년 전에 농심이나 경쟁사인 오뚜기 주식을 보유했던 투자자라면 2011년 4월에 출시된 농심의 프리미엄 브랜드 '신라면 블랙'을 당일 슈퍼마켓에서 구매해 시식해보는 부지런함이 필요했다.

마음의 여유를 갖고 길게 생각하면 주식 투자는 재미있다. 새로운 분야에 대한 공부도 하고, 뛰어난 신경제 기업에 투자했다면 창업자의 성장 스토리도 배울 수도 있다.

투자에 성공하려면 다음 3가지 요소가 필수다.

- 지적 호기심
- 섬세하게 관찰하는 능력
- 신제품을 직접 체험하고자 하는 부지런한 자세

정보를 찾고, 해석하고, 리스크를 살펴라

정보 수집 위해 인공위성 띄우는 헤지펀드들

월가에서는 애플의 신형 아이폰이 출시되면 애널리스트가 기기를 분해해서 부품을 확인하고 총원가를 계산해 아이폰의 판매 마진을 추정한다. 일본의 IT 제품 분석 기관은 2020년 가을에 출시된 아이폰12를 분해한 결과 "애플 스마트폰에서 한국 부품업체의 존재감이 높아지고 있다"고 평가했다.

특히 삼성과 LG만 납품하는 OLED 패널 가격이 약 70달러로, 아이폰 원가(373달러)의 19%를 차지한다고 추정했다. 한국산 부품 비율이 총 27%이니 나머지는 삼성전자, SK하이닉스가 공급하는 D램, 플래시 메모리 등 고가의 반도체다.[1]

애플은 프리미엄 스마트폰 시장에서 경쟁하는 삼성전자로부터 핵심 부품을 공급받기를 가급적 피하고자 할 텐데, 선택의 여지가 많지 않음을 보여준다. 삼성전자의 초격차 실력을 보여주는 일면이다.

외국의 대형 헤지펀드들은 기업이 분기 실적을 발표하기 전에 남보다 빨리 생산과 판매 정보를 얻고자 수억 원을 지불해가며 인공위성을 띄운다. 2018년 8월에 3주 간격을 두고 테슬라 프리몬트 공장을 찍은 인공위성 사진 두 장은 어느 헤지펀드가 테슬라 모델 3가 양산되는 시점의 출하량과 재고량을 파악하기 위한 것으로 보인다. 저렴하게 드론을 이용하는 작은 펀드들도 있다.

2010년 미국 메릴린치증권 아시아태평양본부 근무 시절 인도네시아 석탄회사에 투자한 어느 헤지펀드 고객에게 재미있는 말을 들었다. 석탄 채광량을 추정하기 위해서 인공위성을 이용해 매일 탄광을 들고 나는 대형 트럭 수를 센다는 것이다. 주식 투자에 성공하기 위한 정보 전쟁은 이처럼 치열하다.

성공적인 투자를 위해서는 경제 뉴스와 재무제표를 연계해 해석할 수 있는 능력이 필요하다. 거짓말을 하거나 과대포장하는 CEO를 골라낼 수도 있어야 한다.

국내 투자자들이 단기간에 수배가 오를 주식(100년이 넘는 미국 주식시장 역사에도 1년에 수배씩 오르는 화끈한 종목은 흔치 않았다)을 찾는 이유는 아마 제대로 된 경제·투자 교육을 받을 기회가 없었기 때문 아닐까. 2020년 수능 신청자 49만 3,000명 중 경제 과목에 응시한 학생은 1.3%에 불과했다. 사회탐구 9개 과목 응시자 중에서도 경제 과목 시험을 치르겠다는 학생은 겨우 2.5%였다.[2] 대학을 졸업하고 취직하면 사회생활에 가장 많이 활용되고 필요한 지식이 경제인데 우리 고등학교 교육 현실이 안타깝다.

회계·재무 분석에 대한 기본 개념을 정립할 수 있는 투자교육이 필요하다. 리스크에 대해 깊이 고민하는 습관도 필요하다. 한국이건 미국이건 이미 수배 급등해서 언론에 오르내리기 시작했다면, 그 주식은 업사이드(upside)보다 다운사이드(downside)를 더 꼼꼼히 따져봐야 할 것이다.

피델리티가 LG생활건강을 장기 보유한 이유

세계 최대의 자산운용사 중 하나인 피델리티에서 2011~2016년 아시아태평양 및 일본 리서치 헤드를 지낸 미국인 리언 터커에게 한국 투자자를 위해 기억에 남는 한국 기업 1~2개를 골라달라고 부탁했다. 2020년 가을, 터커는 LG생활건강의 변화가 가장 인상적이었다고 답변해왔다. 그는 피델리티가 다음과 같은 이유로 LG생활건강을 장기 보유했다고 설명했다.

- 리더십의 변화 : 프록터앤갬블(Procter & Gamble, P&G) 한국
  사장을 지낸 차석용이 2004년 CEO로 부임한 후 LG생활건

강은 '베스트 인 클래스(best in class)'라는 사업 목표를 설정했고 변화를 이끌었다.

- 제품 포트폴리오 합리화 : 제품 수를 줄여 상위 20%의 고마진 브랜드 판매에 집중하고 이익이 나지 않는 제품은 생산을 중단했다.
- K-beauty/K-wave 적극 활용 : 중국을 포함해 해외 수출을 늘리면서 프리미엄 브랜드 이미지를 확실히 부각시켰다.
- 경쟁이 치열한 일반 상품을 피하고 부가가치가 높은 헬스케어/기능성 화장품에 집중했다.

한국의 대표적인 컨슈머 주식으로 자리 잡은 LG생활건강의 선순환 과정을 터커는 다음과 같이 설명했다.

LG생활건강의 전략적 변화는 본격적인 회복을 예견했다. 적자 부문을 버리자 현금흐름(cash flow)이 안정적으로 증가했고 PER이 높아지는 레벨업 단계에 진입했으며 장기간에 걸쳐 이익이 꾸준히 성장했다. 이런 장점은 IT 하드웨어, 자동차, 철강 등 이익 변화가 심한 경기민감 업종이 대부분인 한국 증시에서 주목받기에 충분했다.

시가총액이 커지면서 대형주에만 투자할 수 있는 초대형 국제펀드(international funds)들이 관심을 갖기 시작했다. 그 결과 주식 수급이 개선됐고 추가 매수 세력이 생기면서 주가 상승을 계속 이끌었다.

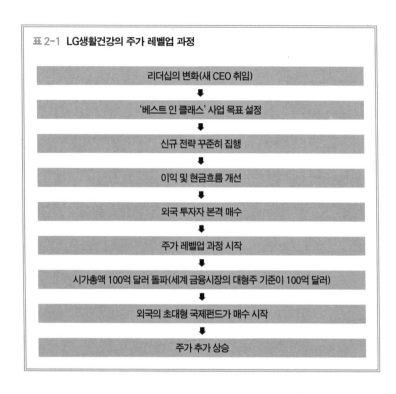

표 2-1 **LG생활건강의 주가 레벨업 과정**

리더십의 변화(새 CEO 취임)

↓

'베스트 인 클래스' 사업 목표 설정

↓

신규 전략 꾸준히 집행

↓

이익 및 현금흐름 개선

↓

외국 투자자 본격 매수

↓

주가 레벨업 과정 시작

↓

시가총액 100억 달러 돌파(세계 금융시장의 대형주 기준이 100억 달러)

↓

외국의 초대형 국제펀드가 매수 시작

↓

주가 추가 상승

LG생활건강은 전기차 배터리나 온라인 게임 주식처럼 몇 달 사이에 50%씩 상승하거나 하락하지 않는다. LG생활건강의 3대 주력 사업은 후, 숨 같은 프리미엄 화장품과 엘라스틴, 페리오 같은 생활용품, 코카콜라 같은 음료다. 설화수를 제치고 중국에서 확실한 프리미엄 이미지를 구축한 후는 주력 화장품으로 영업이익률이 20%가 넘는다.

LG생활건강은 2020년 3분기까지 영업이익 '26분기 연속 증가'

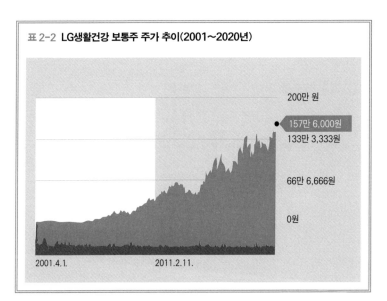

표 2-2 **LG생활건강 보통주 주가 추이(2001~2020년)**

200만 원
157만 6,000원
133만 3,333원
66만 6,666원
0원

2001.4.1.   2011.2.11.

출처: 야후 파이낸스

라는 기록을 세웠다. 고성장을 이뤘다고 하지만 300조 원이 넘는 전 세계 화장품/스킨케어 시장에서 이제 1% 남짓한 점유율을 달성했으니 앞으로도 성장 가능성은 충분하다. 게다가 중국의 프리미엄 시장은 무궁무진하다. 2020년, 중국 최대 쇼핑 행사인 광군제(11월 11일)에서 후, 숨, 오휘, 빌리프, VDL, CNP 등 6개 럭셔리 브랜드 매출은 2019년보다 174% 증가한 15억 5,000만 위안(2,600억 원)을 기록했다. 특히 후는 광군제 때 판매된 화장품 브랜드 중 에스티로더, 랑콤(로레알 소유 브랜드)에 이어 3위에 올랐다.[3]

이처럼 꾸준한 이익 성장세에 힘입어 LG생활건강 주가는 지난

10년간 연 15%, 5년간 연 10% 올랐다. 2020년 1%의 배당수익률도 예상된다.

LG생활건강의 지난 15년간 변화를 보면 유능한 CEO 한 명이 기업 체질을 바꿀 수 있음을 보여준다. 차석용 부회장은 미국에서 MBA 취득 후 15년간 P&G에서 근무했는데, P&G는 마케팅 및 컨슈머 업계의 사관학교다. 우리에게 친숙한 질레트 면도기, SK-II 화장품, 오랄-B 칫솔, 타이드(Tide) 세제 등을 제조·판매한다.

차 부회장은 초일류 다국적 기업에서 트레이닝을 받은 후 한국 대기업에서 수십 개의 M&A 딜을 포함해 본인의 전략을 마음껏 펼쳤다. 그는 기업문화도 바꿔서, LG생활건강은 수평적인 커뮤니케이션을 지향하고 의사결정 속도가 빠르다고 평가받는다. [4]

차 부회장은 LG생활건강의 자산이다. 그는 현재의 비즈니스 모델을 만들고 15년간 기업가치를 높여왔다. 무려 46%의 외국인 지분율이 나타내는 것은 차 부회장에 대한 외국인 투자자의 절대적인 신뢰다. 동시에 LG생활건강의 가장 큰 리스크이기도 하다. 67세인 그는 언젠가 물러날 텐데, 수년 후 그의 퇴임이 발표되면 외국인의 매도 행렬이 수개월 이상 이어질 수도 있다.

지금까지 LG생활건강에 대해 알아봤다. LG생활건강 스토리는 성공하는 기업을 고르는 투자 프레임워크를 가르쳐준다. 즉 투자할 기업을 선택할 때는 다음과 같은 사항을 체크해보는 것이 좋다.

- 우수한 경영진과 인력을 보유하고 있는가?
- 주요 제품의 시장 규모가 크고 앞으로도 성장 가능성이 높은가?
- 경쟁력 있고 차별화되는 제품이나 서비스를 제공하는가?
- 시장의 신뢰를 구축했는가?

P&G와 삼성전자의 주식총수익은 얼마일까

복리의 힘은 막강하다. 특히 비즈니스가 안정적인 기업에 장기 투자하면 배당을 포함한 총수익은 기하급수적으로 증가한다. 세계 최고의 가정용 소비자 제품 기업 P&G는 시가총액이 무려 376조 원이다. 1837년 미국 오하이오 주에서 시작한 P&G는 꾸준한 수요에 힘입어 지난 64년간 매년 현금배당을 늘려왔고, '배당 제왕(dividend king)'의 명예를 누리고 있다.

대표적인 다국적 기업인 P&G는 주주친화적이기도 하다. P&G IR 홈페이지를 방문하면 'Stock Return Calculator'를 이용해 복리로 주식총수익률을 계산하는 방법을 배울 수 있다.

2020년 12월 31일 기준으로 최근 5년간 P&G의 주가수익률을 단순히 주가 상승으로만 계산하면 연 12%다. 즉 2016년 1월 1일에 100달러를 투자했다면 5년 후 178달러가 됐다. 만약 분기마다 받은 현금배당을 P&G에 계속 재투자했다면(reinvest dividends) 주식총수익률은 5년간 연 16%로 뛴다. 원금 100달러가 206달러가 됐다. 과거 배당수익률이 3~4%였으므로 이 금액을 재투자하면 연 수익

표 2-3 **P&G 주식총수익률(분기 현금배당 재투자 시)**

	5년	10년
주가상승률	연 12%	연 8%
주식총수익률	연 16%	연 11%

표 2-4 **삼성전자 주가상승률**

	5년	10년
보통주 주가상승률	연 29%	연 15%
우선주 주가상승률	연 30%	연 19%

률이 4% 높아지는 것이다.

기간을 10년으로 늘리면 어떻게 될까? 지난 10년간 P&G 주가 상승률은 연 8%이므로 2011년 1월 1일에 100달러를 투자했다면 현재 215달러가 됐다. 배당금으로 꾸준히 주식을 샀다면 총수익률은 연 11%로 뛴다. 원금 100달러는 10년 후 293달러가 됐다.

삼성전자 역시 IR 홈페이지에 비슷한 기능이 있다. 하지만 사용자가 지정하는 기간의 보통주와 우선주의 가격상승률만 계산해주고, 배당이 재투자되는 개념인 주식총수익률 계산 기능은 없다. 단순 주가 상승만 따져도 삼성전자 보통주는 지난 5년간 29%, 10년간 15% 상승했다. 우선주는 5년간 연 30%, 10년간 연 19%의 주가상승률을 기록했다. 배당수익률은 약 2% 수준이다.[5]

지나친 매매는 수익률을 떨어뜨린다

여자가 투자를 더 잘하는 이유

2001년 캘리포니아주립대학교 브래드 바버(Brad Barber)와 테런스 오딘(Terrance Odean) 교수는 〈Boys Will Be Boys : Gender, Overconfidence, and Common Stock Investment〉라는 논문을 발표했다. 남성호르몬과 주식 투자 성과의 역(逆)관계를 밝힌 흥미로운 연구다. 이 연구는 금융 투자에서 남성이 여성보다 과도한 자신감을 바탕으로 더 많은 매매를 함으로써 수익률을 해친다는 결론을 내렸다.

갤럽연구소의 도움을 받아 1991~1997년 미국 3만 5,000가구의 주식 매매를 분석한 결과, 남성은 여성보다 45% 더 많이 매매했고 그 결과 연 1%의 낮은 수익률을 기록했다. 바버와 오딘 교수는 남성이 여성에 비해 주식 매매 빈도가 높은 이유는 자신의 능력을 과대평가해 주식의 적정 가치를 본인이 잘 안다고 착각하기 때문이라고 분석했다. 자신의 능력에 대한 과신은 공격적인 베팅으로 연결되고 이는 남성호르몬인 테스토스테론의 영향을 받는다는 게 의학계의 주장이다.[6]

2017년 피델리티의 애비게일 존슨(Abigail Johnson) CEO 겸 회장은 "여성 투자자는 자신의 능력을 과대평가하지 않는다. 오히려 과소평가하는 경향이 있다"고 말했다. 이는 피델리티가 장기간 축적한 남녀의 투자 성향 데이터를 분석한 결과다. 존슨 회장은 이렇게 설명했다. "여성은 투자자산을 남성보다 더 잘 지키며, 경험이 많은 여성 투자자도 자신을 초보자라고 생각하는 면이 있다. 여성 투자자들이 배우는 것에 더 적극적이고 합리적인 방법으로 투자에 접근한다." 배우려는 자세는 주식 투자에서도 중요한 덕목이다. 지적 호기심과, 섬세하게 관찰하는 능력, 신제품을 직접 체험하는 부지런한 자세는 성공적인 투자에 필수 요소다.

한국도 유사한 리서치 결과가 최근 발표돼 주식 투자에서 남녀의 차이가 확실히 있음을 증명했다. NH투자증권이 2020년 신규 주식 계좌 70만 개를 대상으로 1~11월의 주식 투자 성과를 조사한 결과, 여성 투자자들의 평균 수익률은 24%로 남성 투자자(18%)보다 높았다. 특히 삼성전자, 카카오, 현대차 등 우량주를 계속 보유한 30~40대 여성의 수익률은 26%로, 매매가 가장 많았던 20대 남성 수익률(4%)을 압도했다. 미국의 경우 독신 남성이 독신 여성보다 매매 빈도가 훨씬 높아 수익률이 더 나빴는데, 국내도 '주린이'(주식과 어린이라는 말을 합친 신조어)가 늘어나면서 비슷한 경향이 목격돼 우려스럽다.

리먼 브라더스가 리먼 시스터스였다면

IMF 총재를 지낸 크리스틴 라가르드(Christine Lagarde) ECB(European Central Bank, 유럽중앙은행) 총재는 국제 금융위기의 도화선이 된 리먼 사태에 대해 "리먼 브라더스가 리먼 시스터스였다면 지금 세계는 분명히 다른 모습일 것"이라며 여성의 능력뿐 아니라 다양성(diversity)의 순기능을 강조했다. 2008년 국제 금융위기 때 공중분해된 리먼 브라더스뿐 아니라 대부분의 월가 트레이딩 데스크는 남성이 95% 이상을 차지해 공격적인 매매가 빈번했고 리스크 관리가 부족했다. 내가 1990년대에 근무했던 JP모건, 2000년대에 일했던 메릴린치 등 미국 대형 투자은행 뉴욕 본사의 트레이딩 데스크역시 백인 남성 위주로 구성돼 있었다.

투자 클럽을 만들고자 한다면 남성 위주로 구성하기보다 남녀가 균형 있는 조직을 만들기를 권한다. 여성이 남성에 비해 위험회피적이며 조금 다른 생각을 할 수 있기 때문에 집단사고(group think)의 리스크를 막아줄 수 있다. 바버 교수와 오딘 교수는 다음과 같이 집단지성(collective intelligence)의 장점을 강조했다.

"우리 모두는 세상에 대한 지식을 조금씩은 가지고 있다. 그러나 누구도 완전한 지식을 갖기는 어렵다. 세계 도처에 존재하는 단편적 지식들을 잘 합치기만 하면 우리의 문제를 해결할 수 있다. '우리'는 가장 뛰어난 '나'보다 똑똑하다. 다수는 개인보다 좋은 대안을 선택할 확률이 높다."

외국 헤지펀드들은 아이디어를 공유하고 기업 방문을 함께 가는 경우가 많다. 타이거 매니지먼트 창업자 줄리언 로버트슨(Julian Robertson) 회장이 은퇴한 후, 타이거에서 투자 기법을 배운 문하생들을 '타이거 컵스(Tiger Cubs)'라 부른다. 월가의 최고 헤지펀드로 성장한 바이킹(Viking), 론 파인(Lone Pine), 타이거 글로벌(Tiger Global), 디스커버리(Discovery), 매버릭(Maverick)이 대표적이다. 각각 수백억 달러의 운용 규모를 자랑하며, 월가에서 막강한 영향력을 행사한다. 타이거 컵스는 펀드 초기에 맨해튼에서 사무실을 공유하기도 했다. 이들은 종종 투자 아이디어를 공유하는데 5~6년 전부터 집중적으로 투자했던 종목이 넷플릭스다.

남성은 자신감이 과도해 자신이 주식의 적정 가치를 잘 안다고 착각하는 경향이 있다. 집단지성의 도움을 받을 필요가 있다.

버핏의 사무실에는 컴퓨터가 없다

주식 투자는 좋은 기업을 적당한 가격에 사놓은 후 기다리는 시간과의 싸움이다. 좋은 기업은 계속 성장해서 스스로 돈을 벌고, 분기 또는 반기마다 현금으로 배당도 주기 때문이다. 그런데 서학개미들은 미국 주식시장이 열리는 밤마다 스마트폰을 열어보며 불면의 밤을 보내고, 동학개미들은 근무시간에도 주가를 조회한다고 한다. 그러다 보면 에너지가 소진돼 다 타버리는 번아웃(burn out)이 찾아오고 만다.

투자는 3년, 5년, 10년을 뛰는 마라톤인데 100미터 스프린트를 하듯 5~10분마다 주식 시세판을 보면 누구든 판단이 흐려진다. 시세를 자꾸 확인하다 보면 니콜라(Nikola), 셀트리온 등 폭등하는 종목을 추격 매수하게 마련이고, 그렇게 쉽게 투자한 돈은 손실로 이어질 수밖에 없다.

지난 55년간 연평균 20%의 수익률을 달성해 20세기 최고의 투자가로 인정받는 버핏은 300조 원에 가까운 자금을 장기 투자로만 운용한다. 단기 매매는 전혀 하지 않아 그의 사무실에는 컴퓨터가 없고 비서를 포함해 직원이 20여 명에 불과하다. 1962년 이후 같은 사무실에서 각종 자료를 끊임없이 읽는 것이 세상에서 가장 지혜로운 투자가의 하루 일과다.

개인 투자자가 높은 수익률을 올리고 싶다면 주식 시세판을 멀리하고 압축 포트폴리오를 장기간 유지하는 것이 현명한 방법이다. 인터넷 이용은 시세 확인이 아니라 관심 종목 및 경쟁사와 소속 산업에 대한 뉴스를 확인하는 용도로 국한하는 절제가 필요하다.

시가총액도 모르고 주식 투자를 한다고?

주식 매수는 상장사 주인이 되는 것

증시에서 주식을 매수하는 것은 상장기업의 주인(owner)이 되는 것이다. 버핏은 주식 매수를 기업의 일정 지분을 취득해 주인(fractional ownership)이 되는 과정이라 설명했다. 소수 주주는 지배주주, 국민연금 또는 외국 주주보다 영향력은 적으나 기업의 자산과 미래이익, 배당에 대한 권리가 있다. 자본금 1억 원으로 벤처기업을 설립한 친구의 간곡한 요청으로 1천만 원을 투자했다면 나는 지분 10%를 가진 오너다. 지분이 더 많은 친구가 지배 주주로서 경영권을 행사하겠지만, 나는 기업 청산 시 잔여 재산에 대해 10%의 권리가 있다. 더 중요하게, 벤처기업이 성공해 큰 이익이 발생하면 수익 중 10%는 내 몫이다.

상장기업에 투자하는 것도 같은 논리다. 다를 이유가 전혀 없다.

가령 1천만 원으로 농심, JYP, 호텔신라의 주식을 산다면 이들 기업의 현재 자산과 미래이익에 대해 지분을 가진 주인이 되는 셈이다.

- 신라면 만드는 농심의 지분 0.0006%를 가진 주인(농심 시가총액 1조 7,000억 원)
- 박진영이 창업한 기획사 JYP의 지분 0.001%를 가진 주인(JYP 시가총액 1조 3,000억 원)
- 특급호텔인 호텔신라의 지분 0.0003%를 가진 주인(호텔신라 시가총액 3조 2,000억 원)

투자의 세계에 들어서면 감각적으로 익혀야 하는 것이 시가총액으로, 현재 주가에 기업이 상장한 주식의 수를 곱하면 된다.

시가총액 = 현재 주가 × 상장 주식 수

아파트 구매자는 관심 있는 물건의 매매가 외에 평당 가격, 주변 시세, 학군, 전·월세 값 등을 모두 따진다. 주식 투자자도 관심 있는 종목의 시가총액, 그리고 국내외 경쟁사의 시가총액과 그 움직임에 관심을 가져야 한다. 가령 게임업종에 관심 있는 투자자는 대장주인 엔씨소프트와 넷마블 외에 카카오게임즈, 펄어비스, 웹젠, 컴투스 그리고 장외시장에서 거래되는 배틀그라운드 개발업체 크래프

톤의 시가총액 움직임도 살펴야 한다. 부지런한 투자자는 더 나아가 일본에 상장된 넥슨뿐 아니라 닌텐도(일본), 텐센트(중국), 액티비전 블리자드(Activision Blizzard, 미국) 등 해외 게임업체 시가총액도 챙길 것이다.

우리는 과연 지난 1년간 내렸던 주식 관련 의사결정이 투자였는지 아니면 투기였는지 반성해볼 필요가 있다. 앞으로 유사한 실수를 하지 않고 조금 더 나은 성과를 내기 위해서다. 투자란 최소 1년 이상을 염두에 두고 어느 정도 예측 가능한 성과를 기대하면서 유가증권이나 부동산을 매수하는 것이다.

주식 투자를 하려면 시가총액이 얼마인지 알고, 업에 대한 지식도 있어야 하며, 재무제표 및 최소 2~3년 후 전망에 대해 나름대로 판단이 있어야 한다. 이런 바탕 위에서 향후 배당소득과 주가 상승을 기대하면 이는 투자이고 그렇지 못하면 투기다. 수소전기차 업체 니콜라의 시가총액이 얼마인지 모르면서 오늘 20달러에 매수해 2~3개월 후 40달러에 매도하기를 바라는 건 투기다. 많은 투자자들이 아직 스스로의 비즈니스 모델을 증명하지 못한 신생기업에 너무 감정적으로 대응하고 있다. 니콜라는 주식이라기보다 수소전기차의 성공에 대한 콜옵션(파생상품의 일종)으로 생각된다.

거꾸로 아마존 플랫폼에서 온라인 구매 경험이 있고, 아마존 시가총액이 대한민국 GDP와 같은 1조 6,350억 달러이며 앞으로 5년간 연 20% 이상 성장할 것을 예상해 3,200달러에 주식을 사는 것은 당장 배당이 없다 해도 투자다. 아마존은 페이스북, 테슬라, 알파벳과 마찬가지로 성장주(growth stock)다. 이들은 설비 투자 및 R&D에 자금이 많이 소요되고 성장 기회를 계속 찾을 수 있기에 배당할 재원도 미래에 투자하는 것이다.

2015년 시가총액 상위 10개사는 지금도 10위 안에 들까?

1995년 국내 시가총액 상위 10개 기업에는 20~30대 투자자들에게는 낯선 이름 2개가 포함돼 있다. 대우중공업과 조흥은행인데, 1998년 아시아 금융위기('IMF 사태')로 둘 다 망했다. 대우중공업은 두산그룹에 인수되고 조흥은행은 신한은행에 흡수합병됐다. 그 후 대우중공업은 두산인프라코어로 사명을 바꾸지만 불행히도 2020년에 두산그룹 구조조정의 일환으로 현대중공업그룹에 다시 매각됐다.

한편 2015년 시가총액 상위 10개 기업 중 무려 7개가 순위 밖으로 밀려났다. 상위 3개사였던 삼성전자, SK하이닉스, 현대차만 10위 안에 남아 있다. 포스코, 한국전력, 삼성생명 같은 전통적인 산업의 강자들이 퇴락하고 코로나19 사태로 인해 플랫폼 · 바이오 · 전기차 관련 기업의 약진이 가속화된 탓도 있다.

코스피 시가총액 30대 기업 가운데 하드웨어와 서비스를 포함한 IT업종 비율이 2020년 말 기준으로 63%에 달한다. 2015년에는

표 2-5 한국 역대 시가총액 상위 10종목

	1995년	2005년	2015년	2020년	2025년
1	한국전력공사	삼성전자	삼성전자	삼성전자	?
2	삼성전자	한국전력	SK하이닉스	SK하이닉스	?
3	포항종합제철 (POSCO)	LG필립스 LCD	현대차	LG화학	?
4	대우중공업	POSCO	한국전력	삼성바이오로직스	?
5	한국이동통신 (SKT)	SKT	삼성SDS	셀트리온	?
6	LG전자	국민은행	제일모직	네이버	?
7	현대차	현대차	아모레퍼시픽	삼성SDI	?
8	유공 (SK이노베이션)	KT	삼성생명	현대차	?
9	신한은행	LG전자	현대모비스	카카오	?
10	조흥은행	S-Oil	POSCO	삼성물산	?

출처: 〈한국경제신문〉

43%였으니 불과 5년 만에 크게 증가했다. 한국거래소에 따르면 이 비율이 미국은 35%, 일본은 10%, 중국이 7%로, 한국 경제가 특히 삼성그룹을 통해 IT산업에 과도하게 의존하고 있음을 보여준다.

미국 증시에서도 지난 10년간 시가총액 순위의 뒤바꿈이 확연하다. 2010년 상위 10개사 중 6개사만 남아 있고 나머지 4개사는 밀려났다. FAMAG(페이스북, 애플, 마이크로소프트, 아마존, 구글)로 대표되는 빅테크가 톱 5를 점령했고 테슬라가 6위로 진입했다. JP모건, 웰스파고 같은 전통 은행들이 퇴락하면서 대신 IT기업에 가깝게 인식

표 2-6 미국 역대 시가총액 상위 10종목

	2010년	2020년(12월 23일 기준)	2025년
1	애플	애플	?
2	알파벳/구글	마이크로소프트	?
3	마이크로소프트	아마존	?
4	버크셔 해서웨이	알파벳/구글	?
5	엑슨 모빌	페이스북	?
6	아마존	테슬라	?
7	GE	버크셔 해서웨이	?
8	존슨앤존슨	비자	?
9	웰스파고 은행	월마트	?
10	JP모건 체이스	존슨앤존슨	?

출처: 〈한국경제신문〉

되는 비자가 그 자리를 차지했다.

독일은 기업용 소프트웨어 기업 SAP가 1위를 유지하는 가운데 아디다스가 독일의 자존심인 BMW의 시가총액을 제쳤다. 캐나다도 전자상거래 플랫폼 구축 서비스를 제공하는 쇼피파이(Shopify)가 1등을 차지했다.

앞서 살펴본 바와 같이 한국과 미국의 시가총액 상위 기업들의 등락을 보면 몇 년 앞을 내다보기도 매우 어렵다는 사실을 알 수 있다. 일반 투자자보다 기업에 대해 많은 정보를 가진 내부자들도 자신이 근무하는 기업의 1~2년 후를 예측하기 어렵다고 느낀다.

애플, 아마존 같은 미국 상장사들은 대체로 다음 분기의 수익 전망만 공식 발표한다. 예외적인 경우가 스타벅스인데 1년 전망치를 홈페이지에 아주 상세히 발표하는 전통이 있다. 단지 1~2년 후를 예측하는 것도 사실 매우 어려운 작업이다.

기업이라는 나무보다
산업이라는 숲을 보라

호텔은 부동산업, 반도체는 타이밍 사업

삼성그룹 이건희 회장이 생존했을 때 관계사 사장들에게 항상 요구했던 것 중 하나가 자신이 맡은 사업의 본질에 대한 철저한 이해였다. 사업이 성공하려면 핵심 요소가 무엇인지 정확히 파악해야 한다는 얘기다.[7] 일반 투자자도 마찬가지다. 투자에 성공하려면 해당 기업이 속한 산업의 본질을 파악하려는 노력이 있어야 한다.

1981년 강남의 리버사이드호텔이 매물로 나왔을 때 당시 호텔신라 관리본부장이던 현명관 전 삼성물산 회장의 반대로 인수가 무산되자, 이건희 회장은 "호텔업의 본질은 서비스보다는 부동산업인데 팽창하는 서울 강남지역 호텔을 놓쳤다"며 아쉬워했다고 한다.[8] 삼성의 주력사업인 반도체와 관련해서는 "양심산업이자 타이밍 사업"이라고 업의 개념을 새롭게 정립했다. 반도체 사업은 공장의 기능직부터 연구소의 박사급 연구위원까지 직원 수천 명이 복잡한 공정에서 한 번의 실수 없이 합심해 일해야 하는 양심산업이고, 타사보다 조기 양산해야 최대의 이익을 낼 수 있는 타이밍 사업이라는 것이다.[9]

25년 전 업의 미래를 꿰뚫어보고 "생산으로 돈을 버는 건 메모리(반도체)가 마지막일 거야. 특히 길게 보고 준비해야 할 건 제약산업이지. 의료산업은 21세기에 꽃이 필 거야"라던 이 회장의 말은 의미심장하다.[10]

이런 관점에서 현대차그룹의 3세 경영인 정의선 회장은 자동차산업의 본질을 제대로 파악한 것 같다. 자동차는 대표적인 장치산업이지만, 조립라인에서 기계와 근로자의 호흡이 중요하다. 정의선 회장은 취임 후 2019년 11월 이상수 노조위원장을 찾아가 오찬을 같이 했다. 2001년 아버지 정몽구 당시 회장이 노조위원장을 직접 방문한 이후 그룹 회장이 노조 대표와 공식 만남을 가진 건 처음이다. 사람을 중시한다는 본인의 생각을 대내외적으로 알린 셈이다.

또한 수년 전에는 그동안 껄끄러웠던 현대차의 중국 합작 파트너 베이징자동차(BAIC)와 관계를 정상화하는 데 직접 나서서 중요한 역할을 했다고 한다. 공감 능력과 타인을 배려하는 모습은 자신감에서 나오는 것이다.

거꾸로 이동걸 산업은행 회장과 금융위원회 위원장을 지낸 김석동 한진칼 이사회 의장은 업에 대한 지식이 얼마나 부족한지 보여

췄다. 2020년 말 나랏돈 8,000억 원을 넣어 산업은행이 대한항공의 아시아나항공 인수를 지원하기로 한 결정은 현명해 보이지 않는다.

항공산업은 전 세계에서 가장 자본집약적이고 가장 경기에 영향을 많이 받는 산업 중 하나다. 기업 전략의 대가인 하버드 경영대학원 마이클 포터(Michael Porter) 교수의 1992~2006년 산업별 이익률 분석 자료에 의하면, 31개 산업 중 항공산업은 수익성이 꼴찌였다.[11]

대한항공이 항공산업의 구조적 문제를 어떻게 극복한다는 말인가. 월가에서 신입사원에게 가르치는 원칙 중 하나가 항공 같은 경기민감 산업은 빚이 많으면 절대 안 된다는 것이다. 경기가 좋을 때는 몇 년 반짝해 이익을 내지만 경기 하강 시에는 적자의 늪에 빠지기 때문에 빚이 많으면 파산할 수 있다.

역사 속으로 사라진 한진해운, 대우조선도 같은 경우다. 반도체, 자동차도 경기민감 업종인데 삼성전자, 현대자동차는 다행히 1998년 외환위기를 계기로 빚의 무서움을 배워 무차입 원칙을 유지하고 있다. 대한항공이 부실 경영에도 불구하고 그동안 이익을 실현했던 이유 중 하나는 국민들이 애국심에서 외국 항공사보다 비싼 값에 비행기표를 샀기 때문이다.

가깝게 지내는 국내 유수의 사모펀드 대표는 "우리는 무능한 산업은행을 경제 원칙을 파괴하는 '코리아 디스트럭션 뱅크(Korea Destruction Bank)'라고 불러요"라고 했다.

용의 꼬리가 닭의 머리보다 낫다

세계적인 컨설팅 기업 맥킨지의 리서치는 주식 투자건 취업이건 산업 선택의 중요성을 일깨워준다.[12] 소프트웨어처럼 고성장하면서 대규모의 경제적 이익(economic profit, 회계상 이익에서 자본비용을 차감한 이익)을 창출하는 산업도 있지만 항공, 석유/가스/정유, 전력처럼 수요는 정체되고 시장에서 기대하는 최소의 수익도 내지 못하는 산업이 많다. 이 같은 산업 효과(industry effect)는 더욱 가속화되고 있으며 산업 양극화 역시 점점 더 심해지고 있다.

맥킨지의 분석은 2010~2014년 데이터를 바탕으로 한 것인데, 최근 어려운 업황을 감안할 때 자동차 산업은 전체적으로 경제적 적자를 내는 것이 확실하다. 디지털 전환을 이끌어내지 못하는 수많은 구경제 산업들은 경제적 적자가 점점 커질 것이다.

아무리 개별 기업이 뛰어나도 소속된 산업이 성장을 멈추면 이를 극복하기 어렵다. 클라우드 등 '잘나가는' 소프트웨어 산업에서 '평균' 정도의 회사가 항공, 건설, 건자재, 철강 등 경제적 적자를 내는 '떨어지는' 산업의 '으뜸' 기업보다 경영 성과 측면에서 훨씬 낫다. 주식시장은 이런 산업의 차이를 철저히 반영한다.

아마존 주가가 지난 10년간 연 34% 상승한 배경에는 제프 베이조스라는 21세기 최고의 걸출한 CEO가 있지만, 전자상거래 시장과 클라우드 산업이 폭발적으로 성장한 탓이 더 크다. 한편 포스코

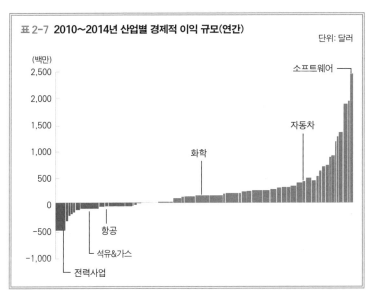

표 2-7 2010~2014년 산업별 경제적 이익 규모(연간)

단위: 달러

출처: 맥킨지

는 이익률이 20%가 넘는 세계 최고 경쟁력을 갖춘 철강기업이었다. 그러나 철강은 이제 사양산업이다. 포스코가 아무리 사업 다각화 노력을 해도 이런 현실은 주가에 그대로 나타나 지난 10년간 매년 5% 하락했다.

경험이 많지 않은 투자자에게는 어려운 일 같지만, 투자를 고려하는 기업이 속한 업종이 지난 5~10년간 어느 정도 성장했고 이익률 추세는 어떤지 알아야 좋은 성과를 얻고 실수를 줄일 수 있다.

기업이익은 경제보다 훨씬 더 부침이 심하다. 감가상각비, R&D 비용, 임대료 등 매출과 상관없이 발생하는 고정비가 많기 때문이다. 일방적으로 직원을 해고하지 못하는 한국은 인건비도 고정비로

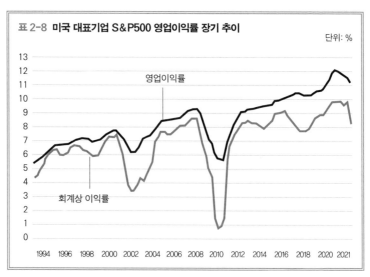

표 2-8 미국 대표기업 S&P500 영업이익률 장기 추이

단위: %

영업이익률

회계상 이익률

출처: 야데니 리서치, S&P and IBES

보는 것이 맞다. 반면 한국 제조업의 기반인 반도체, 디스플레이, 자동차, 석유화학, 정유, 철강 같은 장치산업은 매출이 손익분기점을 넘으면 이익이 폭발적으로 증가한다.

한국보다 경기에 덜 민감한 산업구조를 가진 미국도 1994년 이후 세 차례의 이익 침체 국면이 있었다. 2001~2002년의 완만한 둔화, 2008~2009년 금융위기 때의 수익성 급락, 그리고 2020~2021년 코로나19 사태로 인한 수익 악화다. 그러나 지난 25년간 미국을 대표하는 S&P500 지수에 포함된 기업은 영업이익률이 5.5%에서 11%로 2배 상승했다. 미국 증시가 장기간 랠리(rally)한 가장 큰 이유다.[13]

고성장 산업 vs 저성장 산업

성장하는 IT · 헬스케어, 하락하는 금융 · 자동차

미국 증시를 가장 잘 보여주는 지수는 S&P500이고, 세계 증시의 흐름을 가장 잘 반영하는 지수는 MSCI(Morgan Stanley Capital International)다. MSCI는 국가별 · 산업별로 다양한 지수를 정기적으로 발표하는데, 49개국 3,000종목으로 구성된 ACWI(All Country World Index) 지수가 세계 증시 흐름을 가장 잘 반영한다.

MSCI가 발표한 3년 전, 5년 전, 10년 전 업종별 주가수익률을 보면 고성장 산업(IT, 헬스케어)과 저성장 산업(금융, 자동차 및 자동차 부품)의 주가는 확연히 차이가 난다. 이런 추세는 향후 5~10년간 지속되지 않을까. 전기차 및 자율주행 비즈니스 모델로 전환하는 데 실패하는 기존 자동차 기업이 나올 테고, 우리은행 같은 전통적인 금융기관은 카카오뱅크 같은 핀테크 기업에 계속 시장을 뺏길 수밖

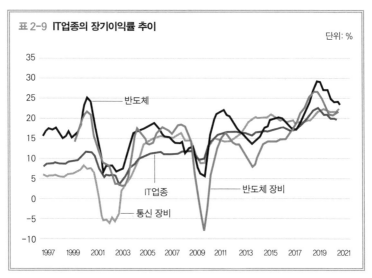

표 2-9 **IT업종의 장기이익률 추이**

단위: %

반도체

IT업종

반도체 장비

통신 장비

출처: 아데니 리서치, S&P and IBES

에 없다.

삼성전자, 애플, 마이크로소프트, 엔비디아, 인텔, 비자, 대만의 TSMC 등 IT업종은 성장성이 높다. 하지만 경기를 많이 탄다. 장기 이익률은 보면 지난 24년간 두 차례의 큰 침체 국면이 있었다. 〈표 2-9〉를 보면, 반도체 업종의 마진이 움직임이 심하고 반도체 장비 업종의 마진은 어지러울 정도로 등락이 심하다. 하지만 모든 산업에 IT가 접목되고 응용되면서, IT산업 전체가 구조적으로 수익이 개선 되고 있다.

세계적인 신용평가 및 통계 서비스 기업인 미국 S&P에 의하면, IT업종 내에서도 수익성이 나뉜다. 가장 자본집약적인 반도체 업종

표 2-10 **IT 하드웨어 및 반도체 업종의 수익성**

업종	상각 전 영업이익 EBITDA(영업이익+감가상각+무형자산상각) 마진(평균)
반도체	20~30%
반도체 장비	15~25%
통신 장비	10~20%
부품	12~18%
가전	7~12%

출처: S&P

이 기술혁신 · 진입장벽 · 선점자 우위 원칙에 힘입어 수익성이 제일 높다. 삼성전자, SK하이닉스, TSMC, 퀄컴, 인텔, 엔비디아 등이 대표적인 반도체 기업이다.

스마트폰을 포함한 통신 장비 및 부품의 수익성이 그다음으로 높다. LG전자, 삼성전자가 요즘 공들이는 프리미엄 제품은 수익성이 괜찮지만 가전제품은 전반적으로 수익성이 떨어진다.

스마트폰 업계는 삼성전자, 애플, LG전자 외에 중국의 화웨이, 샤오미, 오포, 비보 등이 난립하고 있지만, 글로벌 스마트폰 업계 이익의 90% 이상을 애플과 삼성전자가 차지하고 있다. 나머지 기업은 대부분 적자라는 얘기다.

스마트폰을 담당하는 LG전자 MC사업본부의 지난 5년간 누적 적자는 4조 3,000억 원으로 시가총액의 20%에 육박한다. 구광모 회장 취임 후의 누적 적자만 해도 2조 4,000억 원이다. LG전자의

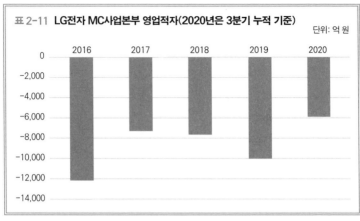

표 2-11 **LG전자 MC사업본부 영업적자(2020년은 3분기 누적 기준)**

단위: 억 원

출처: LG전자

스마트폰 평균 단가는 200달러 미만으로 타사의 프리미엄 모델과 격차가 매우 크다. 소프트웨어 능력이나 브랜드 등에서 선두업체를 추격하기에는 늦었다고 보인다. 지금이라도 스마트폰의 미래와 관련해 최고경영자의 결단이 필요하다.

경기 관련 소비재 vs 필수 소비재

고성장 산업과 저성장 산업의 중간에는 2가지 소비 업종이 있다. 경기 관련 소비재(consumer discretionary)와 필수 소비재(consumer staples)다. 전자는 백화점, 의류/신발, 명품, 여행/호텔/카지노, 레스토랑, 자동차 등으로 경기의 영향을 많이 받고 후자는 라면, 담배,

표 2-12 **MSCI(Morgan Stanley Capital International) ACWI(All Country World Index) 업종지수 연 상승률**

	3년 평균	5년 평균	10년 평균
IT	24%	22%	18%
헬스케어	12%	7%	14%
경기 관련 소비재	10%	9%	14%
필수 소비재	5%	6%	10%
자동차 및 부품	6%	6%	8%
금융	-2%	4%	5%
전 세계 시장	7%	7%	10%

출처: MSCI

치약 등 생필품이 중심이다.

경기 관련 소비재 기업은 아마존, 알리바바, 홈디포, 테슬라, LVMH, 나이키 등이 주도해 과거 주가 상승이 좋았지만 리스크도 많은 편이다. P&G, 월마트, 코스트코는 대표적인 필수 소비재 기업으로 수요가 꾸준해 성장성은 조금 떨어지나 안정성이 돋보인다.

1990년대 이후 소비 관련 주식은 전 세계적으로 투자자들에게 많은 수익을 안겨줬다. 세계 유수의 자산운용사들이 앞다퉈 소비업종 펀드를 출시한 것도 같은 맥락이다. 지난 50년간 미국은 자본주의와 시장경제가 발달하면서 1인당 GDP는 2배 이상 증가했고 민간 소비는 3배 가까이 늘었다. 미국 명목 GDP 중 민간 소비가 차지하는 비중이 68%다. 중국은 아직 40% 미만이지만 향후 중산층 확대와 함께 소비의 지속적 성장이 확실시된다.

표 2-13 **필수 소비재 업종의 장기이익률 추이**

단위: %

출처: 야데니 리서치, S&P and IBES

한국은 거꾸로 명목 GDP에서 민간 소비가 차지하는 비중이 2002년 56%에서 2019년 49%로 감소했다. 보통은 경제가 성숙할수록 투자와 민간 소비 비중이 늘어나는데, 한국은 민간 소비와 투자 비중이 동반 감소하는 대신 정부 비중이 커지는 기형적 모습이 나타나고 있다. 민간 소비 비중은 일본(55%), 독일(52%), 프랑스(54%), 영국(65%) 등 선진국에서 50~70%가 자연스런 수준이다.[14]

우리가 일상에서 사용하는 비누, 세제, 음료, 맥주, 담배 등은 거의 경기를 타지 않는다. 브랜드가 중요해 신규기업이 진입하기도 만만치 않다. 네슬레, P&G, 유니레버, 로레알, 코카콜라, 펩시, 디아지오, 필립모리스 같은 다국적 기업과 LG생활건강, 아모레퍼시픽 같은 로컬 강자들이 시장을 나누고 있다. 그 결과 필수 소비재 업종

마진은 지난 25년간 6~8% 사이에서 매우 안정적으로 유지됐다. 코카콜라나 펩시같이 성장성은 떨어지지만 리스크가 적은 것이 필수 소비재의 장점이다.

물론 예외도 있다. 한때 20%가 넘는 수익성을 자랑하다 최근 10% 아래로 추락한 맥주산업이다. 밀레니얼 세대의 맥주 소비 감소, 소규모 크래프트 비어 업체의 증가 및 시장점유율 잠식, 주요 고객으로 부상한 할인점의 가격 인하 압력 등이 겹쳐서 버드와이저를 만드는 앤하이저부시 인베브 SA/NV(Anheuser-Busch InBev SA/NV, ABI) 같은 대형 맥주회사의 수익성이 악화됐다.

의류산업의 강자, 스포츠웨어

나이키와 아디다스는 계속 성장할 수 있을까?

사람들의 라이프 스타일이 변하면서, 의류산업에서 캐주얼화는 대세가 됐고 코로나19 사태가 이를 더욱 가속화했다. 골드만삭스 리서치에 의하면 지난 5년간 전 세계 의류/신발 시장은 연평균 4% 성장한 반면, 스포츠웨어(운동화 포함) 시장은 연 8% 성장했다. 스포츠웨어가 전 세계 의류시장에서 차지하는 비중은 2019년 기준 20%로, 2015년의 17%를 훌쩍 넘었다.[15]

나이키, 아디다스는 성장성 높은 산업의 선두주자로 뛰어난 브랜드와 충성도 높은 고객층을 확보해 유리한 위치에 있다. 나 역시 지난 10년간 골프화를 포함해 운동화는 나이키와 아디다스를 벗어나지 않았다. 글로벌 스포츠웨어 시장에서 나이키의 시장점유율은 14%, 아디다스는 11%로, 신규기업이 아무리 좋은 제품을 만들어

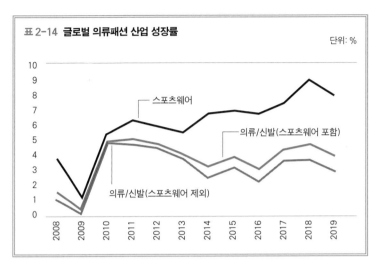

표 2-14 **글로벌 의류패션 산업 성장률**

단위: %

스포츠웨어

의류/신발(스포츠웨어 포함)

의류/신발(스포츠웨어 제외)

출처: 유로모니터, 골드만삭스

도 포틀랜드의 아웃도어 이미지를 바탕으로 구축한 나이키 브랜드의 벽을 넘기 어렵다. 스포츠웨어와 일상에서 입는 옷의 경계가 점차 모호해지는 점을 고려하면 나이키와 아디다스는 의류패션 시장 전체의 성장률을 계속 뛰어넘을 것이다.

또한 재고 부담이 늘 있는 의류패션 산업에서 고가 및 저가 제품에 대한 수요는 꾸준하지만 중가 제품은 수요가 실종됐다. 중가 제품이 대부분인 국내 남성복 시장은 지난 8년간 무려 41%나 규모가 감소했다. 2020년 말에는 이랜드그룹이 여성복사업부를 매각할 계획이라고 발표했다. 이제는 럭셔리 상품과 스포츠웨어가 시장을 끌고 가고 있다.

역풍 만난 패스트 패션

샌프란시스코에서 일하는 딸이 2019년 잠깐 귀국했을 때 보니 페트병을 재활용해 만든 얇은 신발을 신고 있었다. 160달러로 고가지만 20~30대가 대부분인 실리콘밸리에서는 친환경 소재 신발이 아주 인기라는 얘기를 듣고 패스트 패션(fast fashion)의 미래가 염려됐던 기억이 난다. 의류패션업은 과잉 생산이 아주 자연스러운 산업이다. 가게들은 주문한 옷의 반 정도만 제 가격에 팔고 나머지는 할인해서 파는 것이 관행이기 때문에 항상 필요한 수량보다 많이 주문한다. 과잉 재고로 시달리는 H&M은 2020년 8월 의류 재고가 5조 원 규모를 넘었다. 브랜드가 생명인 유럽의 럭셔리 기업들은 브랜드의 희소가치를 유지하기 위해 재고를 땅에 묻거나 태워서 환경주의자들의 비난을 받기도 했다.

2000년 이후 전 세계적으로 의류 판매가 경제 성장을 앞질렀다. 스웨덴의 H&M, 스페인의 자라가 주도하는 패스트 패션이 성장을 이끌었다. 이대로 가면 2030년까지 의류 및 신발 생산량이 81% 증가할 것이라는 보스턴컨설팅그룹(BCG)의 전망도 있다. 20년 전에는 옷을 사서 버리기 전까지 평균 200회 정도 입던 것이 최근에는 160회로 줄었다고 한다.[16]

현재의 의류산업은 석유 등 재생 불가능한 자원을 사용해 단기간 이용할 옷을 만들고 나중에는 매립 혹은 소각한다. 전 세계 온실

가스 배출량의 10%가 의류산업에서 나온다. 옷을 만들 때는 엄청 난 양의 물이 필요한데 지구상 폐수의 20%가 의류산업으로 인해 발생한다.[17]

이 같은 패스트 패션을 탐닉하던 과거에 대한 반성으로, 아웃 도어 스포츠 브랜드인 파타고니아(Patagonia) 등 슬로 패션(slow fashion)이 밀레니얼 세대(1980~2000년대 출생한 세대)와 전문직 종사 자를 중심으로 급격히 부상하고 있다. 파타고니아는 이미 1990년 대에 의류업계 최초로 버려진 페트병을 모아서 재활용 폴리에스테 르 원단을 개발해 친환경 라이프 스타일을 표방한 기업이다. 패스 트 패션이 이윤 극대화를 위해 생산 · 공급 주기를 1~2주까지 단축 하는 것과 달리 슬로 패션은 친환경, 공정 거래, 지속 가능성을 마케 팅 포인트로 내세운다.

이제는 소비자 개개인의 신념과 명분에 입각한 소비 트렌드가 뿌리를 내리는 중이다. MZ세대(밀레니얼 세대+Z세대)를 중심으로 사 회적 의류 대여, 중고 거래 등 온라인 마켓도 활성화되고 있다. 환경 과 인간을 위한 슬로 패션 운동은 이미 수십 년 전부터 존재해왔지 만 최근 대세로 떠오른 데는 인스타그램, 페이스북 같은 소셜 미디 어의 '좋아요'와 해시태그 캠페인도 한몫했다.[18]

패스트 패션의 현재 비즈니스 모델은 지속 가능하지 않다. 업종 의 큰 리스크다. H&M은 이를 극복하기 위해 2030년까지 의류 소 재를 재활용 및 지속 가능한 소재로 100% 전환하겠다고 밝혔다.

3장

—

시장의 원리를 알면
투자가 쉽다

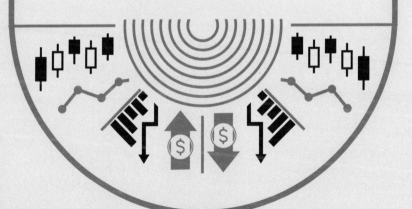

주식시장은 어떻게 작동하는가

2030년이 반영된 전기차 주가

2017년 1월 디트로이트 모터쇼에서 미국 최대의 자동차 회사 제너럴모터스(GM)의 CEO 메리 배라(Mary Barra)가 당시로서는 충격적인 발언을 했다. 40년 전 견습생으로 출발해 미국 자동차 업계 최초로 여성 CEO에 오른 그녀는 "우리의 전통적 수익 모델이 무너지고 있다. 앞으로 5년간의 변화가 지난 50년간의 변화보다 훨씬 더 클 것이다"라고 묵시록 같은 예언을 했다. 미국 자동차 3인방(The Big Three)으로 지칭되는 GM, 포드, 피아트크라이슬러가 한 세기 동안 지배하던 체제가 무너지고 있다고 실토한 순간이었다.[1]

그 후 4년이 흘렀으나 막상 전기차 보급은 예상보다 더뎠고 자율주행 시대는 아직 열리지 않았다. 경기가 정상일 때 신차는 전 세계적으로 매년 9,000만 대 정도씩 팔린다. 2020년에는 그중 내연기관이 97%를 차지하고 전기차는 3%밖에 되지 않았다. 하지만 미래의 기대감을 반영하는 주식시장의 반응은 완전히 달랐다. 전기차 선두주자 테슬라의 시가총액이 700조 원을 넘었고 후발주자인 중국의 니오(Nio) 역시 80조 원이 넘었다.

그러나 두 회사를 합쳐도 2020년 전기차 생산량은 현대차 연간 판매 실적의 6분의 1도 되지 않는다. 그럼에도 불구하고 전기차 회사의 시가총액이 이토록 큰 것은 2030년이면 전 세계 신차 판매의 20~30%를 전기차가 차지하리라는 투자자의 믿음이 반영된 결과

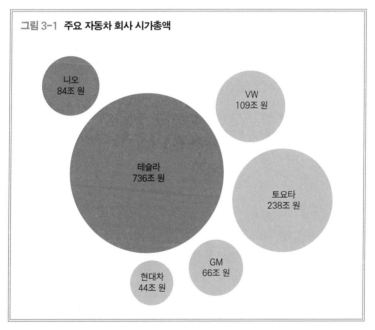

그림 3-1 **주요 자동차 회사 시가총액**

니오
84조 원

VW
109조 원

테슬라
736조 원

토요타
238조 원

GM
66조 원

현대차
44조 원

출처: 〈월스트리트저널〉

다. 시장의 가정이 맞는다면 테슬라 같은 선도 전기차 회사는 10년 후 적게는 수조 원에서 많게는 수십조 원의 이익을 낼 가능성이 있다. 먼 미래가 주가에 반영되는 것은 강세장의 특징이기도 하다.

또한 아마존은 2021년 예상 순이익 규모(27조 원) 대비 시가총액이 1,803조 원으로 매우 크며, 빅테크 중에서도 가장 높은 67배의 PER에 거래된다. 이 같은 프리미엄 거래에는 향후 5~10년간 초고속 성장을 계속 이어가리라는 월가의 예상과, 지금 단정할 수는 없지만 인공지능, 헬스케어, 금융, 자율주행 등으로 산업을 확장해 성장을 유지하리라는 시장의 믿음이 깔려 있다.

실수 없이 성공적인 투자를 하려면 최소한 과거 10년치의 경영 성과와 주가를 연결해 살펴보는 습관이 중요하다. 주가에는 금년과 내년에 대한 전망뿐 아니라 5년 후, 더 나아가 수십 년 후의 장기성장성도 반영된다.

1~2년마다 오는 시장 패닉, 30%씩 하락하는 우량주

성공 투자의 핵심은 코스트코, 월마트, 아마존, 마이크로소프트, 페이스북, 삼성전자, LVMH, 나이키, 아디다스, LG생활건강처럼 검증된 우량주가 시장 패닉으로 급락할 때 저점 매수해 장기 보유하는 것이다.

의외로 시장 패닉은 1~2년에 최소한 한 번은 오고 이때 개별 주가는 30% 이상 하락하기도 한다. 우리에게 친숙한 신라면, 너구리, 짜파게티, 새우깡을 판매하는 농심은 사업이 매우 안정적이지만 지난 52주간 주가는 고점 40만 원에서 저점 22만 원까지 급등락을 보였다. 전력을 독점 공급하는 한국전력도 지난 1년간 고점 3만 50원, 저점 1만 5,550원의 큰 밴드 사이에서 움직였다.

여기서 의문이 들 수 있다. 정부가 대주주인 전력 독점사업자의 기업가치가 어떻게 1년 사이에 50%나 차이가 날 수 있을까. 부동의 라면 명가 농심은 보수적인 경영으로 유명한데 이렇게 뛰어난 브랜드의 기업가치가 어떻게 52주 동안 50% 가까이 떨어질 수 있을까.

그 이유는, 주식시장은 단기적으로 심리가 지배하기 때문이다. 그래서 기업의 펀더멘털과 주가가 괴리되는 경우가 종종 있다. 옛 직장 동료였던 아시아 최고의 투자전략가 크리스토퍼 우드(Christopher Wood)는 20년 이상 매주 주보를 썼는데, 제목이 '탐욕과 공포(Greed and Fear)'였다. 전직 〈이코노미스트〉 도쿄 지국장답게 제목도 멋지게 뽑았다.

월가 펀드매니저의 60~70%가 미국의 대표적 시장 지수인 S&P500보다 못한 펀드 운용 성과를 낸다. "주가나 적정 PER은 하느님도 모른다"고 자조적인 얘기를 하는 이유다. 한국전력이나 농심 외에도 삼성전자, 아마존, 애플 같은 블루칩들이 가끔 급락하는 것은 기업가치는 거의 변하지 않았지만 투자심리가 악화돼 단기 주

식 수급이 나빠졌기 때문이다. 그리고 이런 기회는 1~2년에 최소
한 번은 온다. 좋은 기업을 저점에 매수할 수 있는 기회를 기다리는
마음의 여유가 중요하다.

베일리 기포드의 테슬라 투자 스토리

증권사 근무 시절 에딘버러의 투자자를 대상으로 설명회를 열기 위해 1년에 두 번씩 스코틀랜드를 방문했는데, 베일리 기포드(Baillie Gifford)에도 항상 들렀다. 미팅 전날 호텔 체크인을 할 때 주석 잔에 따라주는 스카치 한 잔과 차갑지만 상쾌한 아침 공기가 생각난다. 날카로운 질문을 던지는 에딘버러 펀드매니저들과 토론을 벌이던 기억도 생생하다.

우리는 에딘버러의 펀드매니저들을 런던에서 멀리 떨어진 이단아로 생각하지만, 스코틀랜드는 영국 금융의 브레인을 많이 배출한 곳이다. 미국 서부 개척 때 대륙횡단 철도를 놓는 데 필요한 자금을 주선한 것도 스코틀랜드 금융인들이었다.

현역으로 한창 활동하던 1990년대 초부터 2000년대 말까지, 1년에 두 차례씩 한 달간 전 세계를 돌며 고객 마케팅을 할 때 가장 긴장되는 미팅은 뉴욕의 타이거 매니지먼트 같은 헤지펀드들과 에딘버러의 베일리 기포드 같은 장기 투자 펀드들이었다.

1908년에 설립된 에딘버러의 대표적인 자산운용사 베일리 기포드는 2020년 상반기까지 일론 머스크 다음으로 테슬라의 지분을 많이 보유하고 있었다. 주가가 7달러이던 2013년부터 테슬라를 매수해 한때 8%의 지분을 보유했으나, 2020년 9월 주가가 급등해 펀드에서 테슬라의 비중이 너무 커지자 내부 규정에 따라 40%를 시장에 매각했다고 발표해 화제가 된 적이 있다.

테슬라 주식은 리스크가 너무 커서 대부분의 전문가가 외면했는데도 7~8년간 보유한 소신과 끈기, 숨은 진주를 찾아내는 통찰력에 경의를 표한다. 이미 한 종목으로 20조 원 이상의 이익을 실현했고, 여전히 27조 원의 테슬라 주식을 보유한 베일리 기포드의 투자업종 접근법에 대해 알아보자.

영국 금융의 센터인 런던에서 비행기로 1시간 30분 거리에 있는 에딘버러는 런던 증시의 잡음(noise)으로부터 멀리 떨어져 있고, 베일리 기포드가 집중 투자하는 IT업종의 메카 실리콘밸리와는 지구 반대편에 있다. 결국 성공하는 투자는 얼마나 정보를 빨리 얻느냐보다 핵심 이슈에 대해 깊이 생각하는 능력에 달려 있음을 일깨워주는 사례다.

테슬라 투자 이유-전기차는 가장 확실한 지구 온난화 해결책

———

베일리 기포드는 기후 변화, 지구 온난화를 21세기 인류의 핵심 이슈 중 하나로 봤다. 이를 가장 효과적으로 해결할 수 있는 방법이 전기차 보급이고, 가장 검증된 간판기업 테슬라를 집중 매수했다. 엄청나게 커질 전기차 시장을 확신했으며 테슬라의 뛰어난 제품 경쟁력과 머스크의 리더십에 높은 점수를 줬다. 베일리 기포드는 강조한다. "전기차 시장은 이제 시작일 뿐이다. 성장 가능성이 무궁무진하다. 특히 테슬라는 기존 자동차 회사와 달리 소프트웨어를 기반으로 시작해 비즈니스 모델이 우수하다."[2]

2020년 들어 테슬라 주가가 수배 오르자 미국 증권사들은 전기차 수요 전망을 앞다퉈 상향 조정하고 있다. 2020년 11월 월가에서 영향력이 큰 모건스탠리의 자동차 애널리스트 애덤 조나스(Adam Jonas)는 마침내 테슬라에 '항복'했다. 자동차 업체 주가로서 테슬라는 과대평가됐다는 의견을 제시했던 그가 전격적으로 태도를 바꿔 매수를 추천하고 50% 상향한 540달러로 목표 주가를 제시했다. 그는 "테슬라의 비즈니스 모델은 높은 마진과 경상적 이익을 창출하는 소프트웨어와 서비스 중심으로 바뀌는 중"이라고 주장했는데, 이는 사실 7~8년 전 테슬라 주식을 매수할 때 베일리 기포드가 충분히 예상한 바였다.

유망업종에서 우수한 비즈니스 모델 찾아 10년 이상 보유

베일리 기포드 포트폴리오에서 주요 종목은 테슬라, 아마존, 알파벳, 쇼피파이, 알리바바, 텐센트, 넷플릭스 등이며 IT업종 외에 헬스케어/바이오 업종에도 많이 투자한다. 2004년부터 투자해 평균 매수 단가가 100달러 내외인 아마존은 테슬라 주가가 급등하기 전까지 베일리 기포드의 최대 포지션이었다.

기업을 평균 10년 이상 보유하는 베일리 기포드는 자신 있게 말한다. "분기·연간 실적은 무의미한 잡음일 뿐이다. 가시적인 경영 성과를 내기에 때로는 5년도 짧은 기간일 수 있다." 베일리 기포드는 1~2년 후의 투자 지표에 신경 쓰지 않는다. 장기 투자를 하기 때문에 당장 이익이 나지 않아도 기다릴 수 있기 때문이다.

베일리 기포드가 중시하는 투자 원칙 3가지는 다음과 같다. 이 3가지가 달성되면 결국 기업의 수익성은 급격히 개선되고 PER이 내려가게 마련이다.

- 시장의 확장성 : 시장 규모가 수십 배, 수백 배로 커질 수 있을 것(전기차, 전자상거래, 클라우드, 파킨슨병 치료 등)
- 강력한 해자를 가진 비즈니스 모델 : 기존 비즈니스 방식과 다르고, 압도적 경쟁 우위를 바탕으로 높은 시장점유율을 유지할 것(구글 검색엔진, 테슬라 전기차, 아마존 클라우드 AWS, 알리바

그림 3-2 중세시대 적의 침임을 막기 위해 성 주위에 판 못, 해자

바 플랫폼 등)

- 뛰어난 리더십 및 기업문화 : 창업가 정신이 넘치는 기업문화
  와 탁월한 경영진/대주주가 지분을 많이 소유해 소수 주주와
  같은 배를 탄 일체감(alignment)이 있을 것(아마존 제프 베이조
  스, 테슬라 일론 머스크)

베일리 기포드의 투자 원칙은 버핏의 투자 원칙과도 일맥상통한다.
버핏의 투자 원칙 4가지는 다음과 같다.

- 우리가 회사의 제품, 서비스를 이해할 수 있어야 한다.
- 확실한 경쟁력을 기반으로 하고 지속 가능한 비즈니스 모델
  을 가져야 한다.

- 탁월한 능력과 도덕성을 갖춘 경영진이 회사를 이끌어야 한다.
- 위 3가지에 해당되는 훌륭한 기업을 과도하지 않은 적정한 주가에 매입할 수 있어야 한다.

베일리 기포드는 성장주 투자에 집중하고 버핏은 가치 투자의 대부지만, 둘 다 장기적인 성장성에 초점을 맞춘다. 특히 비즈니스 모델, 경쟁력의 절대적 우월성을 중시해 해자 개념을 강조한다. 영국이나 일본에서 많이 볼 수 있는 해자는 중세시대에 적의 침입을 막기 위해 성 주위를 둘러 판 못을 일컫는다. 즉 경쟁사들이 감히 넘볼 수 없는 확실한 비교 우위의 제품이나 서비스를 일컫는다. 테슬라의 뛰어난 전기차 모델 S와 모델 3, 전 세계 검색시장 점유율이 90%에 가까운 구글 검색엔진, 방대한 고객 데이터와 인프라를 갖춘 아마존 전자상거래 플랫폼이 대표적인 예다.

주가를 결정하는 5가지 요소 이익성장률

주가와 기업이익은 비례한다

주가는 초 단위로 움직인다. 매수자와 매도자의 함수이기도 하지만 세계 경제, 국내 정책, 산업 동향, 개별 기업의 성과 및 미래 전망 등 새로운 정보가 실시간으로 끊임없이 반영되기 때문이다. 이처럼 주가를 결정하는 요소는 다양하지만 다음과 같이 크게 5가지로 정리할 수 있다.

① 이익성장률

② 배당과 자사주

③ 자본구조(특히 빚이 많은 경우)

④ 금리

⑤ 거버넌스

무엇보다 중요한 것은 성장성이다. 먼저 이익성장률에 대해 알아보자. 주가는 기업이익을 따라간다. 가령 코스트코는 2011~2013년 주당순이익 증가율만큼 주가가 상승했다. 주당순이익이 3달러 30센트에서 4달러 60센트까지 39% 증가하는 동안, 주가도 72달러에서 100달러로 39% 상승했다. 3년간 PER이 22배 수준에서 변하지 않았다.

$$PER = \frac{현재\ 주가}{1년\ 후\ 예상되는\ 주당순이익(EPS)}$$

PER은 증시에서 기업의 가치를 측정하는 대표적인 지표다. 현재 주가(분자)를 1년 후 예상되는 주당순이익(분모)으로 나눈다. 간단히 시가총액을 순이익으로 나눠도 된다. 주주인 나에게 돌아오는 이익(주당순이익)의 몇 배수에 주가가 거래되는지 보여주는 상대적인 개념이다. 가령 주가가 1만 5,000원인 기업의 2021년 주당순이익 예상치가 1,000원이라면 PER은 15배다.

PER이 높고 낮은 이유는 성장성과 리스크 때문이다. 기업의 성장성과 리스크에 따라 주가는 일정 PER 수준에 거래되는 경향이 있다. 한국 주식은 과거 성장성이 높았지만 리스크가 크고 거버넌스가 좋지 않다고 인식돼 항상 동종업종의 해외 기업보다 낮은 PER에 거래됐다. 소위 '코리아 디스카운트'다. 삼성전자, 현대차, 포스코, 국민은행 등 우리의 대표적인 상장사 모두 해당됐다.

앞을 내다보는 일은 어렵지만 증시에서 PER로 표시되는 주가 수준(stock valuation)과 이익증가율 전망치는 높은 상관관계를 갖고 있다. 가령 많이 발전할 것 같은 기업은 높은 PER에, 전망이 밝지 않은 기업은 낮은 PER에 거래된다. 부동산에 비유하면 한강 조망권에 학군도 좋아 사람들이 선호하는 강남의 아파트는 평당 가격이 1억 원을 넘는 반면, 외곽에 교통도 불편하고 주위 환경이 좋지 않으면 평당 3,000만 원에도 못 미치는 것과 같다.

주식은 기업 성장성에 따라 부동산보다 훨씬 더 격차가 크다. 아마존, 엔비디아, 페이스북, 마이크로소프트처럼 향후 5년간 매년 15% 이상 이익 성장이 예상되는 IT 관련 기업들은 높은 PER에 거래된다. 애널리스트들이 향후 5년간 평균 36%씩 이익이 증가하리라고 예상하는 아마존은 PER이 70배에 육박한다. 반면 씨티그룹이나 AT&T처럼 이익이 정체 또는 감소할 것 같은 구경제 기업들은 PER이 낮다. 금융업과 통신업의 미래가 밝지 못해 씨티그룹과 AT&T는 PER이 10배 수준이다. 즉 장기성장성이 높으면 PER이 높고 장기성장성이 낮으면 PER이 낮다.

장기성장성과 PER을 연결해서 보라

언론이나 증권사 애널리스트는 편의상 1년치 수익 전망만 갖고 주가를 예측하는데, 이는 위험한 접근이다. 숲을 보지 못하고 나무만 보는 투자는 실패할 수 있다.

적정 PER을 산출하는 데 가장 중요한 변수가 장기성장성이다. 〈표 3-1〉을 보면 미국 기업들의 5년 예상 주당순이익성장률이 나와 있는데, 야후 파이낸스(Yahoo Finance) 개별 주가 창에서 'Analysis'로 들어가면 찾을 수 있다.

증권사에는 삼성전자를 20년 이상 담당한 베테랑 애널리스트들이 더러 있다. 나이는 삼성전자 상무나 전무 급인 40대에서 50대 초

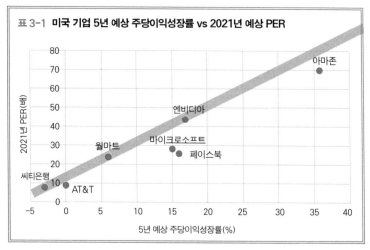

표 3-1 **미국 기업 5년 예상 주당이익성장률 vs 2021년 예상 PER**

출처: 야후 파이낸스

반이고, 반도체 업종을 오래 연구한 전문가들이다. 이들도 삼성전자 주가 예측을 자주 틀리는 이유는 삼성전자 손익에 절대적인 반도체의 1년 후를 전망하기가 매우 어렵기 때문이다. 삼성전자, SK하이닉스, 현대차, LG화학 같은 한국 대표기업의 CEO들도 금년 이익이 얼마나 될지 잘 모른다. 코스트코, LG생활건강, 농심, 오뚜기, KT&G 등 경기의 영향을 덜 받는 기업은 그나마 전망이 좀 쉬운 편이지만 기본적으로 미래는 불확실한 것이다. 그래서 주식 투자는 어렵지만 재미있기도 하다.

확장성 있는 기업 주가는 계속 오른다

주식이 부동산이나 다른 유가증권보다 매력적인 가장 큰 이유는 '확장성' 때문이다. 기존 비즈니스에 새로운 점포, 새로운 사업을 접목하면 추가로 성장 동력을 만들 수 있다. 코스트코, CU, 스타벅스, 이디야커피처럼 같은 업태 내에서 신규 점포를 오픈해 성장의 기회를 만들 수 있는 것이다. 아마존, 구글, 페이스북, 애플, 알리바바, 네이버, 카카오처럼 월등한 플랫폼을 바탕으로 금융, 뮤직, 게임, 엔터테인먼트, 제약유통 등 다른 업종에 진출해 성장의 기회를 창출할 수도 있다.

채권이나 은행 예금은 확장성이라는 개념의 적용이 불가능하고,

부동산은 재개발이나 재건축이 가능하지만 오래된 프로젝트에 국한되고 각종 인허가를 받아야 한다.

주식시장에서 가장 좋은 점수를 받는 리테일 비즈니스의 성장은 1년 이상 된 동일 점포에서 발생하는 매출 증가로 알 수 있다. 이를 기존 점포 매출성장(same-store-sales, SSS)이라고 한다. 같은 매장에서 순수하게 이뤄지는 성장이므로 리스크도 적고 부동산 투자 같은 추가비용이 거의 없다.

하지만 현실에서는 같은 점포에서 두 자릿수 성장을 계속 창출하는 데 한계가 있으므로 투자비용이 들고 리스크가 따르더라도 신규 점포를 설치하는 것이다. 가령 코스트코는 2006년 458개 점포에서 2010년 540개, 2015년 686개, 2020년에는 802개로 점포를 계속 확장했다. 점포 수 확대와 함께 신규 회원도 빠르게 증가했다. 신규 점포 확장과 기존 매장의 단위면적당 매출 증가가 결합돼 코스트코는 2010년 이후 연 12%의 이익증가율을 달성한 것이다.

음료산업에서는 시장 규모도 크고 성장도 빠른 것이 커피다. 세계 1위의 커피전문점 스타벅스는 수년 전부터 기존 점포 매출성장률이 둔화되자 공격적으로 신규 매장을 늘리고 커피가격을 올리는 정책을 취했다. 전 세계 점포 수가 2015년 2만 3,043개에서 2020년 말 3만 3,000여 개로 5년 사이 43%나 늘었다. 스타벅스는 2030년까지 점포를 5만 5,000개로 확대하겠다는 목표를 세웠다.

코로나19 사태 전만 해도 매년 2,000개가 넘는 스타벅스 점포가 중국, 아시아, 미국을 중심으로 우후죽순으로 생겨났지만, 이번에 실적이 저조한 미국 매장 800여 곳을 닫는다고 한다. 한국에서도 시내나 강남에서는 길 하나만 건너면 또 다른 스타벅스 매장을 볼 수 있다. 국내 스타벅스 매장은 2016년 1,000개를 돌파한 이후 현재 1,503개까지 늘었다. 매년 100곳 이상을 새로 연 셈이다.

신규 점포는 몇 백 미터 떨어져 있지 않은 기존 점포의 매출을 갉아먹는다. 특히 직영 점포가 많은 스타벅스는 리테일 기업인데도 신규 점포 설치비용 등 매년 19억 달러(2조 900억 원)를 설비 투자에 사용한다.

안정 성장의 대명사 코스트코

방어적이지만 두 자릿수의 높은 성장을 보이는 우량기업의 대표적인 사례가 코스트코다. 2010년 이후 주당순이익이 매년 12% 증가했다. 안정적인 성장의 기반은 11%를 유지하는 매출총이익률이다. 지난 10년간 코스트코 주가는 연 18% 상승했다. 2~3%의 현금배당은 보너스다.

우수한 비즈니스 모델에 대한 투자자의 신뢰가 강화되면서, 5~10년 전 20~25배 PER에 거래되던 코스트코 주식은 두 단계 레벌업되어 이제는 37배다. 물론 초저금리 덕에 PER이 과도하게 오

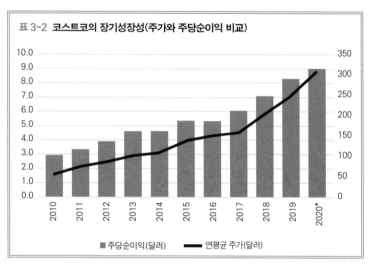

표 3-2 코스트코의 장기성장성(주가와 주당순이익 비교)

■ 주당순이익(달러)　　— 연평균 주가(달러)

출처: 코스트코, 야후 파이낸스

표 3-3 **코스트코의 이익과 주가, PER**

	매출총이익률	주당순이익	연평균 주가	연평균 PER
2010	10.8%	2.9달러	55달러	19배
2011	10.7%	3.3달러	72달러	22배
2012	10.6%	3.9달러	86달러	22배
2013	10.6%	4.6달러	100달러	22배
2014	10.7%	4.7달러	110달러	24배
2015	11.1%	5.4달러	137달러	26배
2016	11.4%	5.3달러	151달러	28배
2017	11.3%	6.1달러	160달러	26배
2018	11.0%	7.1달러	205달러	29배
2019	11.0%	8.3달러	250달러	30배
2020*	11.2%	9.0달러	309달러	34배
2021E**		10.1달러	377달러	37배

* 2020.8.30. 결산회계연도
** 주가는 최근 주가, 주당순이익은 시장 컨센서스 추정치

른 감은 있다.

코스트코는 미국과 캐나다를 중심으로 전 세계에 802개 매장이 있고, 한국에도 16개가 있다. 코스트코는 연 매출 183조 원, 순이익 4조 4,022억 원, 직원 25만 명, 시가총액 184조 원의 월마트 다음으로 세계 2위의 소매기업이다. 특징으로는 회원제 운영, 일반 도·소매점보다 저렴한 가격, 고품질 제품 중심 운영이 꼽힌다. 상품 구입 후 고객이 만족하지 않으면 언제나 환불하는 상품보증제도 운영한다. 미국의 대기업인데도 경영진이 과도한 급여를 받지 않고 직원의 급여 및 복지가 좋은 기업으로 손꼽힌다. 'COST'라는 심벌로 나스닥에 상장돼 있다.

집 근처 코스트코 매장 방문을 권하고 싶다. 성공하는 기업의 독특한 비즈니스 모델, 기업문화, 고객 우대 철학을 피부로 느낄 수 있다. 코스트코는 회원만 이용이 가능하고 한국의 경우 연회비는 3만 8,500원이다. 나는 양재동 코스트코 매장을 방문할 때마다 넘치는 고객 수에 놀라고, 양질의 제품을 엄선해 품목당 몇 개만 파는 차별화된 비즈니스 모델에 감동한다.

버핏이 강조하는 투자 원칙에 해당하는 사항(이해하기 쉬운 제품이나 서비스, 해자가 있는 지속 가능한 경쟁력, 우수하고 도덕성을 갖춘 경영진)을 모두 갖춘 코스트코는 약 1억 명의 회원 중 90% 정도가 회원 갱신을 한다. 만족도가 높은 우리 가족은 내년에도 갱신할 게 틀림없다.

저렴한 가격, 우수한 품질로 차별화

코스트코는 가격 최소화를 위해 일반 상품 마진율 14%, 자체 상표인 커클랜드 마진율은 15%를 유지한다는 원칙을 지키고 있다. 창립자 짐 시네갈(Jim Sinegal)은 이렇게 말했다. "커클랜드 마진율은 15%를 유지해야 한다. 15%는 우리도 돈을 벌고 고객도 만족할 수 있는 적당한 기준이며, 16%나 18%로 올리는 순간 가격과 비용을 최소화하려던 코스트코의 모든 노력이 물거품이 될 것이다." 고객 중심의 기업철학을 엿볼 수 있는 말이다.

코스트코가 판매하는 품목은 4,000여 가지로 알려져 있다. 월마트가 14만 개 이상, 이마트 같은 국내 할인점이 수만 개의 상품을 판매하는 데 비해 매우 적다. 다만 품질 검수를 철저히 해서 우수한 제품만 다량으로 계약해 공급가를 최대한 낮춘다. 확실한 차별화 포인트다.

또한 코스트코는 매우 주주친화적이다. 자사에 과도한 자본이 축적되는 것을 원치 않아 일반 현금배당 외에 특별 현금배당을 지난 8년간 네 차례나 했다. 2020년 11월에도 주당 10달러의 특별배당을 하겠다고 발표했다. 재무구조가 좋으니 가능한 일이고, 미래에 대한 자신감의 표현이다.

코스트코 주주는 최근 10년간 연 18%의 주가 상승 외에도 특별배당을 포함해 연 2~3%의 현금배당 혜택을 누렸다. '주식총수익률

표 3-4 **지난 10년간의 코스트코 주가와 PER 변화**

	2010년	2020년	증가율
주당순이익	2.9달러	9.0달러	+210%
PER(연평균)	19배	34배	+79%
주가(연평균)	55달러	309달러	+462%

=주가변화율+배당수익률' 공식을 적용하면 2010년 이후 연 20% 정도의 수익이 발생한 것이다. 현재 주가는 높아 보이지만 PER이 30~33배 수준으로 하락하면 장기 보유에 적합할 듯하다.

코스트코 PER은 2013년 22배에서 2015년 26배로 뛰더니, 2019 년 30배, 최근에는 37배로 상승했다. 최근 10년간 주가상승률이 주 당순이익증가율보다 높았던 이유도 PER이 계속 레벨업됐기 때문 이다. 시장이 기업의 가치를 재발견했을 때 PER 레벨업이 나타나 는데, 이는 흔치 않은 일이다. 거꾸로 시장이 기업의 장기성장성, 경 쟁력, 경영진에 실망했을 때 주가 레벨다운(de-rating) 현상이 목격 된다. 한국의 은행주, 통신주, 내수주, 한국전력 등이 이에 해당된 다. 굳이 바이오 벤처기업에 투자하지 않더라도, 코스트코처럼 연 10~15%씩 이익이 성장하는 대형주를 국내외 증시에서 얼마든지 찾을 수 있다. 다만 좋은 기업이라도 너무 높은 주가에 매수하면 수 익률을 해칠 수 있으니 신중함이 필요하겠다.

독보적인 확장성 가진 아마존,
빅테크 중 가장 저평가

"다른 기업이 누리는 높은 이익은 우리에게 사업 기회를 의미한다
(Your margin is my opportunity)".

-제프 베이조스

전 세계 대형주 중에서 확장성이 가장 뛰어난 기업은 아마존이다.
플랫폼을 바탕으로 뛰어난 확장성을 가진 빅테크 기업 중에서도 독
보적이다. 아마존은 수년 전만 해도 생각지 못했을 다양한 사업 분
야에 진출하고 있으며, 영토 확장은 앞으로도 계속될 것이다.

온라인 북스토어에서 시작한 아마존 전자상거래 플랫폼은 저가
와 빠른 배송을 무기로 뮤직, 장난감, 의류, 신발, 가전제품, 식료품
등 헤아릴 수 없는 소매 리테일 영역을 점령했다. 그 과정에서 토이
저러스, 바니스 뉴욕(Barneys New York), 제이시페니(JC Penny) 등
수백 개에 달하는 미국의 대표적인 소매업체들이 부도를 겪었다.

아마존은 1994년 설립 후 전자상거래 사업을 통해 방대한 고객
데이터를 쌓아왔다. 아마존이 축적한 고객 데이터는 전자상거래와

오프라인 점포의 구매·음성·이미지·스트리밍 시청 데이터, 더 나아가 소비자 개개인의 위치정보 데이터 등 어마어마하다. 홀푸드 (Whole Foods) 같은 오프라인 체인을 인수한 것도 궁극적인 목적은 오프라인 구매 데이터와 소비자의 위치정보 데이터를 수집하기 위해서라는 견해도 많다.

아마존의 본질은 전자상거래 사이트도 시스템 회사도 아닌, 빅데이터 기업이 아닐까.[3] 널리 알려지지 않았지만 영국의 아주 '똑똑한' 가치 투자가 니컬러스 슬리프(Nicholas Sleep)가 2005년 지적한 대로 구독경제에 기반한 아마존과 코스트코의 비즈니스 모델은 공통점이 많다. 특히 '고객으로부터 번 돈을 주주에게 돌려주는 게 아니라 고객이 다음 구매를 할 때 낮은 가격을 통해 돌려준다'는, 고객과 오래 같이 가고자 하는 두 기업의 사업철학은 신선하다.

두 기업의 차이라면, 천재 사업가 제프 베이조스가 빅데이터와 AI를 무기로 만든 아마존의 플랫폼이 확장성이 더 크다는 점이다. 확장성이 큰 기업의 가치를 평가할 때는 1~2년 후 이익 전망을 근거로 하면 틀리기 일쑤다. 폭발적인 성장이 향후 10년 혹은 그 이후에도 계속되기 때문이다.

지난 10년간 아마존은 매출 27%, 영업이익 30%, 영업 현금흐름 30%, 주당순이익이 34% 증가했다. 그 결과 주가도 같은 기간 연평균 34% 상승했다. 잉여자금을 미래에 계속 투자하기 때문에 아마존 주식은 배당이 없다. 현금배당이 없어도 계속 고성장을 하니 아

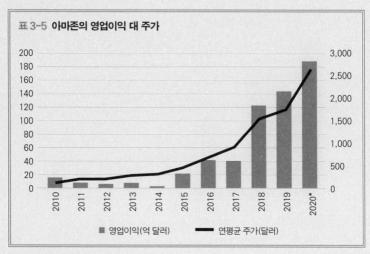

표 3-5 아마존의 영업이익 대 주가

범례: 영업이익(억 달러) / 연평균 주가(달러)

출처: 아마존, 야후 파이낸스

표 3-6 아마존의 이익, 주가, PER

	매출액	영업이익	영업 현금흐름	주당 순이익	연평균 주가	연평균 PER
2010	342억 달러	14억 달러	35억 달러	2.53달러	137달러	54배
2011	481억 달러	9억 달러	39억 달러	1.37달러	201달러	147배
2012	611억 달러	7억 달러	42억 달러	-0.09달러	223달러	N/A
2013	745억 달러	7억 달러	55억 달러	0.59달러	296달러	502배
2014	890억 달러	2억 달러	70억 달러	-0.52달러	320달러	N/A
2015	1,070억 달러	22억 달러	119억 달러	1.25달러	485달러	388배
2016	1,360억 달러	42억 달러	172억 달러	4.90달러	699달러	143배
2017	1,779억 달러	41억 달러	184억 달러	6.15달러	960달러	156배
2018	2,329억 달러	124억 달러	307억 달러	20.14달러	1,587달러	79배
2019	2,805억 달러	145억 달러	385억 달러	23.01달러	1,780달러	77배
2020E*	3,725억 달러	189억 달러	495억 달러	34.90달러	2,682달러	77배
2021E**				48.60달러	3,257달러	67배
10년 평균 증가율	27%	30%	30%	34%	34%	

* 2020.12.31. 결산회계연도, 주당순이익 컨센서스 추정치
** 주가는 최근 주가, 주당순이익은 시장 컨센서스 추정치

마존 주주는 불만이 없다. 잠시 적자인 해도 있었으나, 2010년 PER 54배이던 아마존 주식은 2021년 수익 추정 기준 67배 PER에 거래되고 있다. 빅테크 가운데 리스크 대비 주가 상승 여력이 가장 높다.

애널리스트들이 예상하는 향후 5년간 순이익증가율은 연 36%인데, 이미 발표되고 알려진 신사업 계획만을 근거로 한 것이다. 신사업이 계속 접목되면(물론 추가 투자가 필요하지만) 이익은 추가로 상향 조정되고 성장 모멘텀은 지속될 수 있다.

아마존은 확실한 경쟁 우위가 있는 데이터 수집·처리 및 공급망 관리를 무기로 향후 5년간 온라인 약국·소규모 대출 및 결제·식료품 시장을 점령할 것으로 보인다. 그 외 온라인 럭셔리 명품·보험·스마트홈·가드닝(gardening) 분야로 진출할 것으로 예상된다. 이미 아마존 마켓플레이스(Amazon Marketplace)를 이용해 아마존 플랫폼에서 활동하는 소상인에게 소규모 대출을 해주고 있다. 일반 은행보다 금리가 낮은데 그 이유는 그동안 축적된 빅데이터를 통해 이들 소상인의 비즈니스 상황과 리스크를 누구보다 잘 파악하고 있기 때문이다.

아마존은 머신러닝(machine learning)을 기반으로 사용자의 구매 패턴 및 습관을 분석해 맞춤형 추천/예측을 하는 엔진을 사용한다. 머신러닝이란 빅데이터를 바탕으로 컴퓨터가 스스로 학습하는 인공지능의 한 분야다. 고객을 만족시키는 아마존의 핵심 IT 기술은 매년 성능이 개선되고 가격이 저렴해지고 있다.

2020년 11월 아마존은 온라인으로 처방약을 주문하면 집으로 배달해주는 아마존 파머시(Amazon Pharmacy) 서비스를 선보인다고 발표했다. 복제 약품은 80%까지 할인받을 수 있고 아마존 프라임 멤버십 고객에게는 무료로 배송해준다. 아마존의 시장 진입에 대한 우려로 월그린(Walgreen), CVS 등 전통적인 대형 약국 체인과 드럭스토어 주가가 10~20% 하락했다. 일주일 사이 시가총액 13조 원이 증발했다. 이 중 일부는 아마존 시가총액으로 이전한 것이다. 지난 10년간 자동차 업계에서도 토요타, GM, 포드, VW, 다임러, BMW, 현대차의 시가총액 일부가 사라졌고 그중 일부는 테슬라의 시가총액 증가로 나타났다.

미국에서 헬스케어는 가장 규모가 큰 산업으로 GDP의 20%를 차지한다. 아마존의 진출로 비효율성이 제거되고 기존업체들의 입지가 좁아질 전망이다.

아마존의 메리트와 리스크

___

베일리 기포드에 의하면, 아마존은 5~10년 후 시가총액이 5조 달러로 증가할 잠재력이 있다. 현재 시가총액이 1조 6,350억 달러이니 향후 7~8년간 매년 16%의 주가 상승을 기대할 수 있다는 얘기다. 베일리 기포드의 논리는 다음의 3가지로 요약할 수 있다.

첫째, 현재 가장 이익을 많이 내는 클라우드 사업부 아마존웹서비스(AWS)가 5~10년 후 5,000~6,000억 달러 규모인 클라우드 서비스 시장의 2분의 1을 점유하고 30%의 마진을 유지한다면, AWS의 가치만 해도 2~3조 달러다. AWS가 분사된다면 수년 후 전 세계에서 가장 기업가치가 높은 회사가 될 수 있다.

둘째, 미국 전체 소매 리테일 매출에서 전자상거래 비중이 현재 10%다. 10년 후에는 20%로 증가하고, 아마존의 해외 진출이 가속화되면 전자상거래 사업부의 기업가치도 2~3조 달러가 될 것이다. 가령 한국 전자상거래 시장에서 존재감이 미미했던 아마존은 SK그룹과 손잡고 한국 진출을 본격화하겠다고 2020년 말 발표했다. 자세한 내용은 아직 모르지만, SKT-아마존이 '지분 참여 약정'을 통해 전략적 제휴를 맺으면 쿠팡, 마켓컬리, 네이버 등 기존 플랫폼 업체들은 위협을 받을 것이다.

셋째, 광고, AI, 알렉사 플랫폼 등 다른 사업 부문의 기업가치가 5,000억 달러로 증가할 수 있다. 특히 현재 아마존 매출의 6%를 차지하는 광고 비즈니스가 급성장해 기대가 많이 된다.[4]

아마존의 최대 자산은 창업자이자 CEO인 베이조스다. 거꾸로 천재 사업가에게 너무 많은 주요 의사결정을 의존해야 하는 아마존과 주주 입장에서는 키맨 리스크다. 그는 경쟁사에 신경 쓰는 대신 고객의 만족에 초점을 맞추고, 단기 실적이 아닌 장기 목표를 중요시하는 훌륭한 기업문화를 만들었다. 효율성과 창의성을 극도로 중시하는 아마존 기업문화는 '피자 두 판의 원칙(Amazon's two pizza rule)'으로 요약된다. 피자 두 판으로 전체 참석자가 한 끼를 때울 수 있는 규모의 인원만 모여서 회의를 해야 한다는 베이조스의 지론이다. 회의 인원이 적게는 6명, 많게는 10명이 넘으면 좋지 않다는 얘기다. 인원이 너무 많아지면 회의가 관료화되고 창의적인 아이디어가 배격되며 책임 있는 의사결정을 내리지 않을 수 있기 때문이다.

주가를 결정하는 5가지 요소
배당과 자사주

주식의 배당은 부동산의 임대수익

배당의 의미를 주주와 기업 입장에서 나누어 살펴보자. 우선 배당은 주주의 기본적인 권리로, 기업이 지난 1년 또는 3개월 동안 번 순이익 중 일부를 주주에게 나눠주는 것이다. 배당수익률은 지난 12개월 동안 받은 현금배당 총액을 주가로 나누어 계산한다. 부동산에 비유하면 1년간 받은 월세 총액을 부동산 가격으로 나눈 임대수익률이다.

월세에서 재산세, 관리비 등 각종 비용을 차감해야 정확한 임대수익률을 계산할 수 있듯이, 3개월 또는 6개월마다 증권계좌에 현금으로 자동 입금되는 주식 배당금도 원천징수되는 세금 등을 정확히 따지는 습관이 필요하다.

기업 입장에서는 주주에게 배당을 하는 대신 그 현금을 미래를

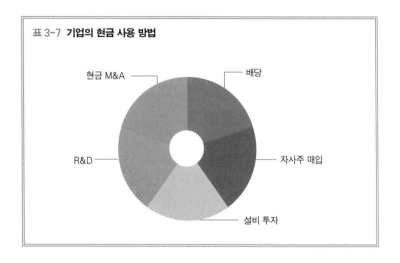

표 3-7 **기업의 현금 사용 방법**

현금 M&A

배당

R&D

자사주 매입

설비 투자

위한 지출인 설비 투자나 R&D에 사용할 수 있다. 2019년 하반기 SK하이닉스가 인텔의 낸드플래시 사업 부문을 10조 원에 인수한 것과 같이, 좋은 딜이 있으면 M&A로 기업가치를 높일 수도 있다. 자사주 매입에 현금을 투입할 수도 있다. 주주 입장에서는 자사주 를 소각하는 경우 배당 이상의 효과를 누릴 수 있다. 국내 일부 기 업이 악용하듯이 자사주 매입 후 소각하지 않으면, 주주 입장에서 는 기회비용이 생기고 지배 주주는 소수 주주의 권리를 침해할 수 있다.

나중에 애플 사례에서 상세히 설명하겠지만, 잉여자금이 있 을 때 기업이 자사주를 매입소각하면 주주가치가 즉시 올라간다. 가령 A라는 신생 상장사가 있다고 하자. 비즈니스가 안정적이어 서 2020년 1억 원의 순이익을 냈고 2021년에도 1억 원의 순이익

표 3-8 **자사주 매입소각으로 주주가치 상승**

	2020년	2021년
순이익	1억 원	1억 원
상장 주식 수	100주	90주
주당순이익	100만 원	111만 원
주가	500만 원	500만 원
PER	5배	4.5배

이 발생할 것 같다. 주가는 500만 원이다. 경영진이 주주친화적이라 2020년 말 순이익의 절반인 5,000만 원을 투입해 주식시장에서 자사주 10주를 매입해 소각했다. 그 결과 상장 주식이 100주에서 90주로 감소했다. 2020년과 2021년 순이익은 차이가 없지만, 자사주 소각 덕분에 주당순이익이 100만 원에서 111만 원으로 11% 증가했다. 주가가 500만 원에서 변화가 없다면 2021년 주당순이익 증가로 PER이 5.0배에서 4.5배로 내려갔다. 더 매력적인 투자 대상이 된 것이다. 투자자들이 이 기업의 저평가 현상을 발견하면 매수세가 집중돼, 전에 거래되던 주가의 5배 PER 수준인 555만 원까지 주가가 올라갈 것이다.

경영진이 잉여자금을 계속 자사주 매입소각에 사용하면 주가는 구조적으로 레벌업이 돼 PER 기준 8~10배에 거래될 수 있다.

배당수익률이 너무 높으면 조심해야

아마존, 페이스북, 알파벳, 테슬라 같은 성장주는 한 번도 배당을 한 적이 없다. 국내 플랫폼 기업 중에는 네이버와 카카오가 상징적인 수준의 소규모 배당을 하고 있다. 하지만 전혀 문제가 되지 않는 이유는 이들 고성장 기업은 기회가 있는 분야에 설비 투자, R&D, M&A를 집중하기 때문이다. 주주 입장에서는 지금 배당을 받는 것보다 기업이 미래에 투자해서 이익을 계속 창출하여 주가 상승을 통해 보상받는 편이 유리하다.

빅테크 중 성장세가 낮은 애플은 한동안 배당이 없다가 2012년부터 현금배당을 재개했고, 마이크로소프트는 2003년부터 현금배당을 해왔다. 마이크로소프트, 애플, 삼성전자 모두 배당금을 조금씩 늘리면서 약 1~2%의 배당수익률을 유지한다.

반면 성장이 정체됐거나 역성장하는 은행, 통신, 철강, 석유/정유, 담배 등 구경제 기업은 순이익의 절반 이상을 배당해 주식총수익률 중 배당수익률이 대부분이다. 성장성이 낮아 주가는 정체 내지 하락하는 경우가 많다. 말보로 판매사인 미국의 알트리아(Altria)와 필립모리스는 배당수익률이 무려 6~8%나 되지만 주가가 4년째 하락세다. 배당수익률이 아무리 높다 해도 향후 배당이 최소한 감소하지는 않을 기업을 골라야 한다.

과거 10년간 페이스북과 아마존은 연 30%대, 알파벳은 연 19%

의 주가 상승을 보였다. 애플과 마이크로소프트는 연 1~2%의 배당도 했지만 둘 다 20%대의 주가 상승을 기록했다. 국내에선 네이버가 가장 뛰어난 성과를 보여 2011년 이후 연 20%의 주가 오름세를 보였다. 같은 기간 삼성전자는 연 15%의 주가 상승과 추가로 1~2%의 배당수익률을 기록했다. 반면 KB금융은 10년간 주가가 매년 3% 하락했는데, 이를 4%의 배당수익률이 상쇄해줬다. 현대차는 주가가 연 1% 상승했고 2% 수준의 배당이 지급됐다.

배당수익률이 아무리 높아도 국내 금융지주사들처럼 본업이 흔들리기 시작하면 주가가 하락할 수 있다. 실제로 신한은행을 자회사로 보유한 신한지주는 현재 5%의 배당수익률을 자랑하고 있지만 지난 5년간 주가가 매년 4%씩 하락했다(10년간 연 4%).

신한지주의 과거 10년간 주식총수익률 =

연 주가상승률(-4%) + 배당수익률(5%) = 연 1%

배당은 기업이익과 직결된다. 연간 당기순이익에서 현금배당을 얼마나 하느냐의 비율을 배당성향이라고 하는데, 2019년 삼성전자는 22조 원의 순이익 중 10조 원의 현금배당을 했으니 배당성향은 44%였다. 삼성전자는 순이익이 44조 원이던 2018년에도 10조 원을 배당했다. 2019년에는 반도체 경기 하강으로 이익이 급감했는데도 주주와의 약속을 지키기 위해 절대 배당 규모를 유지했다. 주

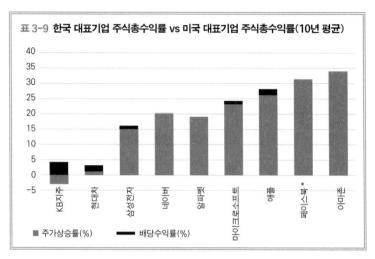

표 3-9 **한국 대표기업 주식총수익률 vs 미국 대표기업 주식총수익률(10년 평균)**

■ 주가상승률(%)　━ 배당수익률(%)

* 상장 후 8년간 상승률
출처: 야후 파이낸스

주친화정책의 일환으로 삼성전자는 당분간 높은 배당을 유지할 것
같다.

은퇴자에게 좋은 미국 배당귀족주 · 배당황제주

2020년은 코로나19로 인해 전 세계 상장사의 배당이 전년보다 조
금 감소할 것 같다. 2021년에도 크게 좋아지기는 어렵다. 세계 경
제가 추락하면서 전 세계 상장사들은 이익과 현금흐름이 급감했고,
그 결과 배당을 대폭 삭감하거나 중단한 기업들이 즐비하다.

　그동안 단기업적주의(short-termism)에 빠졌던 기업들, 특히 미국 기업들은 경영진이 장기 성장을 위한 투자를 게을리하고 대신 주가 부양에 도움이 되는 자사주 매입과 배당을 과도하게 시행한 예가 많다. 이번에 정부로부터 자금 지원을 받은 항공사, 자동차 회사, 유통업체 등이 그러하다. 국내 기업도 배당 지급 여력이 넉넉지 않은 상황이다.

현재 전 세계 배당수익률은 평균 2%를 조금 상회하는데, 이는 비교 대상이 되는 미국의 10년 국채 금리 1.0%보다 높다. 한국도 배당수익률이 현재 2%다. 20년 전 은행 예금 금리가 4~5%로 매우 높을 때는, 대세 상승 국면이 아니라면 주식시장에 국내 자금의 유입이 제한적이었다. 요즘은 은행 금리가 1% 미만이니 증시로 자금이 몰리는 것은 당연하다.

오랜 전통을 가진 블루칩 중에는 수십 년간 배당을 늘린 기업이 많다. 이런 기업들은 안정적인 비즈니스 모델을 기반으로 주주친화 정책을 유지할 가능성이 높다. 은퇴해서 연금과 금융소득으로 살아가는 50대 이상에게 투자를 권한다.

미국에서는 25년 이상 매년 현금배당을 늘려온 기업을 배당귀족주(dividend aristocrat)라고 한다. 애브비(AbbVie, 배당수익률 5.0%), 킴벌리클라크(Kimberly-Clark, 3.3%), 펩시코(2.9%), 맥도날드(2.5%), 타겟(1.4%), 월마트(1.5%) 등 S&P500 지수 종목만 60개가 넘는다.

50년 이상 매년 배당을 늘린 기업은 배당황제주(dividend king)라 부른다. 코카콜라(3.4%), 존슨앤존슨(2.5%), P&G(2.4%), 콜게이트-

파몰리브(2.1%) 등 우리에게 낯익은 방어적 성격의 소비 관련 주식이 대부분이다. S&P에 의하면, 배당귀족주는 장기간에 걸쳐 미국 증시보다 리스크는 낮고 주가 상승은 높은 우수한 투자 성과를 보였다.

애플 주가, 너무 오른 것일까

애플은 시가총액이 2조 달러가 넘는다. 대한민국 GDP와 비슷하다. 하지만 빅테크 중 지난 10년간 순이익 연 증가율이 10%에 머문 유일한 기업이다. 2007년 아이폰 출시 후 기업 규모가 매우 커졌고, 당시엔 플랫폼 비즈니스가 아니어서 확장성도 떨어졌다.

주가는 2011년 회계연도부터 10년간 연평균 13달러에서 133달러로 923% 상승했다. 같은 기간 순이익은 166% 증가해, 주가가 상승한 이유를 단순히 이익이 증가했기 때문이라고 설명하기는 어렵다. 이익 증가보다 주가 상승이 컸던 이유로 특히 2가지를 들 수 있다.

첫째, 주주환원 차원에서 매년 4%씩 자사주를 매입소각했다. 같은 기간 상장 주식 수가 34% 감소하면서 순이익은 166% 늘었지만, 주당순이익은 300% 증가했다.

둘째, PER이 10년 새 2.5배나 레벨업됐다. 단순히 아이폰을 제

표 3-10 애플의 이익, 주가, PER

	상장 주식 수	순이익	주당순이익	연평균 주가	연평균 PER
2011	262억 주	259억 달러	1.0달러	13달러	13배
2012	265억 주	417억 달러	1.6달러	21달러	13배
2013	261억 주	370억 달러	1.4달러	17달러	12배
2014	245억 주	395억 달러	1.6달러	22달러	14배
2015	232억 주	534억 달러	2.3달러	30달러	13배
2016	220억 주	457억 달러	2.1달러	27달러	13배
2017	210억 주	484억 달러	2.3달러	35달러	15배
2018	200억 주	595억 달러	3.0달러	47달러	16배
2019	186억 주	553억 달러	3.0달러	49달러	16배
2020*	175억 주	574억 달러	3.3달러	86달러	26배
2021E**	173억 주	690억 달러	4.0달러	133달러	33배
10년 증가율	-34%	166%	300%	923%	154%

* 2020.10.31. 결산회계연도
** 주가는 최근 주가, 주당순이익은 시장 컨센서스 추정치

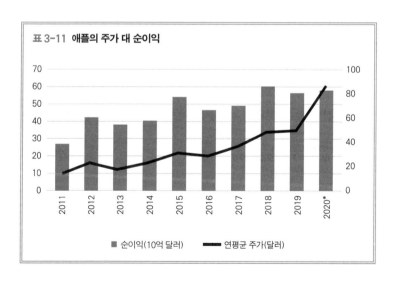

표 3-11 애플의 주가 대 순이익

■ 순이익(10억 달러)　　━━ 연평균 주가(달러)

조·판매하는 회사에서 10억 고객이 활동하는 생태계를 가진 서비스 업체로 탈바꿈했다는 인식 전환 때문이다. 이는 2020년 하반기에도 지속돼 2021년 예상 이익 기준 PER이 33배로 치솟았다.

더 이상 자사주 매입소각 효과 기대하기 힘들어

2011년 스티브 잡스 타계 후 예상대로 팀 쿡이 승진해 CEO로 취임했다. 쿡은 잡스와 달리 주주를 포함해 다양한 이해관계자의 목소리를 듣는 균형감각 있는 경영자다. 잡스 생존 시 애플의 최대 자산은 그의 카리스마와 창의성이었다. 지금은 쿡의 절제된 리더십, 브랜드와 수만 명의 일류 엔지니어, 사이언티스트가 애플의 가장 큰 자산이다.

회사에 현금이 기하급수적으로 쌓이자 2013년 2월에는 행동주의 헤지펀드 매니저 데이비드 아인혼(David Einhorn)이, 11월에는 더 노련한 칼 아이컨(Carl Icahn)이 애플 주식을 대량 매집한 후 배당을 늘리고 자사주를 매입소각하라고 요구했다. 이들의 주장은 "약 160조 원의 과도한 현금이 쌓였으니 주주들에게 돌려줘라. 영업이 잘되고 현금흐름이 우수하니 (재무구조에 무리가 없는 범위 내에서) 회사채를 발행해 자사주를 매입소각해 주가가 제자리를 찾도록 노력해달라"였다.

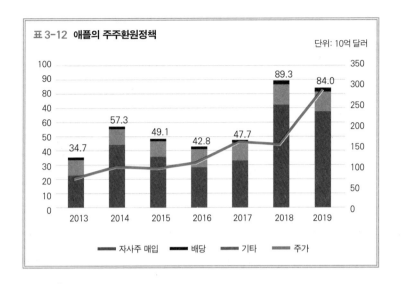

표 3-12 애플의 주주환원정책

단위: 10억 달러

	2013	2014	2015	2016	2017	2018	2019
	34.7	57.3	49.1	42.8	47.7	89.3	84.0

자사주 매입　　배당　　기타　　주가

아이컨은 2005년에 KT&G 지분 매입 후 주주환원정책(capital return program)과 이사회 업그레이드를 강력히 요구해 국내에도 널리 알려진 인물이다. 아인혼은 2007년 이미 공매도(short selling)한 리먼 브라더스의 회계 부정을 폭로하고 그다음 해에 다가올 금융위기를 예견했다.

월가에서 가장 예리한 헤지펀드 매니저로 평가받는 아인혼은 또한 2011년 당시 CEO이던 스티브 발머를 해고해야 마이크로소프트가 재기할 수 있다고 주장했다. "발머의 사고는 20세기에 머물러 있으며 모바일로 전환되는 디지털 환경에 부적합한 인물이다"라는 것이 그의 논지였다. 실제로 2014년에 발머가 퇴임하고 사티아 나델라가 CEO로 취임하고 난 후 클라우드 중심으로 전략을 선회한 마이크로소프트는 승승장구하고 있다.

애플은 이미 2012년부터 작은 규모지만 주주환원정책을 시행했다. 그 후 배당도 늘리고 매년 수십조 원을 자사주 매입소각에 사용했다. 지난 4년간 3,113억 달러(342조 원)를 배당 및 자사주 매입소각 형식으로 주주에게 환원했는데, 이는 삼성전자 시가총액의 63%에 해당하는 엄청난 금액이다. 2018년에 80조 원, 2019년에 74조 원, 2020년에 80조 원을 자사주 매입소각에만 사용했다. 그동안 주가가 계속 오른 이유가 충분히 있다.

이제는 순수하게 이익증가율이 주가를 견인해야 한다. 앞으로 매년 80조 원 이상을 자사주 매입소각에 사용해도 이미 시가총액이 2조 달러를 넘어 주식 수급이나 펀더멘탈에 미치는 영향은 과거보다 제한적일 수밖에 없다. PER이 2021년 수익 추정 대비 33배이니 '애플카' 출범 등 신규 성장 모멘텀이 가시화되지 않으면 추가적인 주가 레벨업을 기대하기는 어렵다.

주가를 결정하는 5가지 요소
재무구조

재무구조가 불량한 기업은 빚이 주가를 결정한다

2020년 말 대한항공의 아시아나항공 인수 발표 후 주식시장의 반응을 보고 실망을 금치 못했다. 특히 증권사 리서치 자료를 읽고 지난 20년간 애널리스트들의 분석 능력이 후퇴했다는 느낌이 들었다.

대한항공이나 아시아나처럼 빚이 많은 기업은 재무구조의 이해 없이는 주가를 논할 수 없다. 미국에서는 차입금 비율이 200~300%를 넘으면 채권단이 기업 경영에 관여하기 시작한다. 차입금(interest bearing debt)이란 부채 중 은행 차입, 회사채 등 이자가 발생하는 채무를 일컫는다. 매입채무, 선수금, 미지급 비용 같은 유동부채는 해당되지 않는다. 월가에서는 한국처럼 부채 비율(부채총계/자본총계)이 아니라 차입금 비율(차입금/자본총계)로 재무 건전성을 따진다. 빚의 절대 규모와 방향성(증감 여부)이 모두 중요하다.

재무구조가 좋지 않은 기업은 현재의 차입금 규모와 미래의 증감 여부가 시가총액(주가)을 결정한다. 1998년 4월 삼성증권 리서치센터장으로 재직할 때 발간한 리포트 〈기업 부채 축소가 주가 상승을 견인한다(Deleveraging Will Drive Share Price)〉는 IMF 위기 후 국내 기업들의 빚 감소 노력이 코스피 상승을 견인할 것임을 예견했다. 실제로 코스피는 18개월 만에 150% 급상승했다.

부동산 매수를 예로 들어 설명하면 레버리지의 개념을 이해하기 쉬울 것이다. 서울의 10억 원짜리 아파트를 매수한 40대 가장 세 명의 예를 들어보자.

김씨 : 저축이 많고 유산도 물려받아 전액 현금으로 매수했다.

이씨 : 저축이 부족해 5억 원을 대출받아 매수했다.

박씨 : 자녀들 사교육비로 저축이 부족해서 7억 5,000만 원을 대출받아 매수했다.

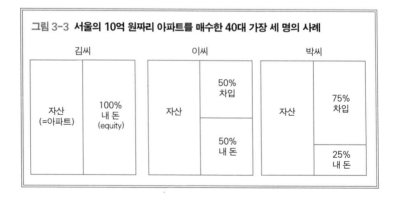

그림 3-3 서울의 10억 원짜리 아파트를 매수한 40대 가장 세 명의 사례

세 명 모두 10억 원짜리 아파트의 주인이다. 하지만 자기 돈(equity)은 규모가 다르다. 그렇다면 자기 돈 2억 5,000만 원만 들어간 박씨가 자기 돈 10억 원이 들어간 김씨의 4분의 1 가격에 아파트를 산 것일까? 그렇지 않다. 박씨는 법률상 아파트 주인이지만 모기지 대출을 해준 은행과 공동으로 소유하는 셈이다. 결국 7억 5,000만 원의 은행 빚을 다 갚지 못하면 온전히 내 아파트라고 주장할 수 없다.

레버리지의 마법은 자산가격이 오를 때 수익률을 높이는 데 있다. 가령 아파트 가격이 1년 새 10%(1억 원)가 올랐다고 하자. 김씨는 자기 돈 대비 10%(1억 원/10억 원)의 수익이 생긴 셈이다. 한편 이씨는 자기 돈 대비 20%(1억 원/5억 원)의 수익이 발생했다. 집값의 75%를 빌린 박씨는 무려 40%(1억 원/2억 5,000만 원)의 수익이 났다.

거주용 부동산처럼 장기간에 걸쳐 완만한 상승을 보이는 자산은 차입해서 투자하는 게 맞다. 미국에서 30년 모기지 대출은 집값의 80%까지 가능한데, 금융기관들이 100년이 넘는 경험을 통해 체득한 노하우에 의한 것이다. 물론 레버리지가 많으면 원본을 다 날릴 수도 있다. 박씨의 경우 집값이 25% 하락하면 투자 원금은 제로가 된다.

대한항공의 기업가치는 약 20조 원[시가총액 5조 원+빚 15조 원(이자지급성 순차입금)]이고, 아시아나항공은 약 10조 원(시가총액 1조 원+빚 9조 원)이다. 시가총액은 자기 돈이며, 두 기업을 단순 합산하면 시가총액 6조 원에 빚이 무려 24조 원이다. 아시아나 경영권을 인수한 대한항공 주식을 매수한다면 투자자는 24조 원의 빚을 통째로 떠안는 셈이다. 취약한 재무구조로, 일단 빚을 갚는 게 급선무다. 차입금이 축소돼야 주가가 상승할 수 있는 발판도 마련된다. 대한항공과 아시아나 합병은 상식적으로 이해하기 힘든 딜이다.

아시아나는 대한항공보다 펀더멘털이 많이 '떨어지는' 항공사다. 2019년 기준 상각전영업이익(earnings before interest, taxes, depreciation and amortization, EBITDA) 마진이 대한항공은 19%였고, 아시아나는 이의 절반에도 못 미치는 9%였다. 대한항공은 자기 주식의 기업가치 배수(EV/EBITDA 8~10배)의 약 2배인 '아주 비싼' 가격에 아시아나를 인수하는 셈이다. 비유하자면, 10억 원짜리 아파트를 자기 돈 조금 내고 나머지는 대규모 대출을 받아 20억 원에 사는 것과 마찬가지다.

대항항공 소수 주주 입장에서 이번 딜이 납득이 되려면 아시아나 주식을 100% 감자하고 빚을 70% 이상 탕감해야 한다. 그래야 합병 후 '건강한' 국적 항공사가 탄생할 수 있다. 정치적 논리에 휘둘리는 산업은행 회장은 이런 경제적 논리를 이해하려 들지도 않을 테지만 말이다.

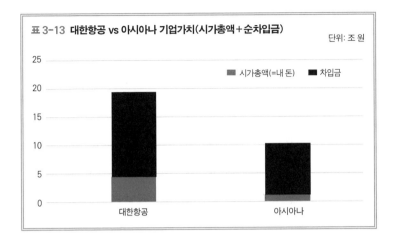

표 3-13 **대한항공 vs 아시아나 기업가치(시가총액＋순차입금)**

단위: 조 원

■ 시가총액(=내 돈)　■ 차입금

밥캣을 정상가의 2배로 인수해 고생하는 두산

2020년 12월 두산그룹은 채권단의 압력에 굴복해서 구조조정의 일환으로 건설기계·엔진 개발/생산 기업인 두산인프라코어를 현대중공업그룹에 매각한다고 발표했다. 2007년 두산인프라코어는 미국의 건설장비 제조사 밥캣(Bobcat)을 무리하게 인수했다. 경기에 민감한 기업을 레버리지에 의존해 너무 비싼 값에 인수하면 그 후유증이 매우 크다는 사실을 새삼 일깨워주는 예다.

다음에 소개하는 내용은 아끼는 후배 헤지펀드 매니저 C의 경험담이다. 그는 최근 은퇴해 대학 교수로 재직 중이다. 그 전에는 미국 유수의 헤지펀드 E사의 홍콩 지사에서 근무하며 뛰어난 투자로 좋은 성과를 거뒀다. 그의 목소리로 두산 투자 경험담을 소개한다.

두산을 매수한 이유
___

2006년 말 두산은 지주사 전환 및 자체사업 구조조정을 발표했다.

지금은 지주사가 일반화됐으나 당시 증권사에서는 이를 제대로 이해하는 애널리스트가 거의 없었다(다시 말해 시장이 이 뉴스를 효율적으로 반영하지 않았을 것이다). 지주사의 가치는 간단하게 '지주사 자체 사업 가치+자회사 가치-부채'로 계산하면 된다. 이를 순자산 가치라고 한다.

지주사는 (지배구조 등 여러 요소가 영향을 미치나) 이론적으로는 기업이 속한 국가의 기업소득세율에 추가로 약 10% 디스카운트되어 주식시장에 거래되는 것이 맞다. 하지만 당시 두산은 지주사 전환 발표 후에도 여전히 순자산 가치의 50% 이상 디스카운트돼 거래되고 있었다.

지주사 전환에 따른 절세 효과* 외에 자체사업 구조조정(적자사업 축소) 및 지배구조 개선 등 계량 및 비계량적으로 긍정적인 요소를 반영해 미래 가치를 계산해 보니 목표 주가가 10만 원이었다. 당시 주가는 5만 원이었다. 이후 한 달간 분할매수했으며, 이후 주식시장의 여건과 함께 20만 원 이상 오버슈팅하게 된다. 무릎에 사서 어깨에 파는 원칙을 갖고 10만 원부터 15만 원까지 한 달간 분할매도했다.

*지주사가 아닌 경우 기업은 주주들에게 이중과세를 물리게 된다. 자회사가 기업소득세를 낸 이후 주주인 모회사에 배당하면 모회사는 이 배당소득에 대해 기업소득세를 내므로 자회사 배당에 대해 세금을 두 번 내는 것이다. 지주사는 자회사 배당소득에 대해 세금을 내지 않는다.

두산인프라코어의 패착

1년 후인 2007년 말 두산의 손자회사(두산 자회사인 두산중공업의 자회사) 두산인프라코어가 밥캣을 5조 5,000억 원에 인수한다고 발표한다. 건설장비 업체는 EV/EBITDA 7배 정도에 거래되는 것이 보통인데, EV/EBITDA 15배 이상의 매우 높은 가치로 인수하는 것이다.

당시 우리 회사가 기업 분석 시 사용하는 경제 지표상 산업 사이클이 거의 피크에 도달한 상태여서 안타깝게도 두산인프라코어는 피크 사이클(peak cycle)에 피크 밸류(peak valuation)로 밥캣을 인수했다.

게다가 두산인프라코어의 규모와 자본구조상 5조 5,000억 원은 상당히 부담되는 금액이었다. 매도자인 인거솔랜드는 기업 전체가 아니라 사업부를 분사해서 매도하는 것이었고, 인수자인 두산인프라코어는 상환 의무 전환 우선주 발행 등 다소 복잡한 인수금융을 이용해 인수했다.

당시 증권사 애널리스트들과 통화했을 때 이를 제대로 이해하는 이는 없었다(곧 이 거래를 시장이 효율적으로 반영하고 있지 않다는 결론을 내렸다). 이후 한 달간 분할 공매도 후 2008년에 공매도를 커버(환매수)했다(1982년부터 두산 야구 팬인 나는 지금도 이 딜을 생각하면 너무 안타깝다. 두산그룹을 지금까지도 어렵게 만든 인수 거래였다).

매년 주주에게 돈 달라는 대한항공

대한항공은 지난 1년간 두 차례의 유상증자(2021년 3월 납입 목표인 2차 증자 포함)를 단행했다. 그 과정에서 증자에 참여하지 않는 기존의 소수 주주는 대한항공의 미래이익에 대한 권리가 대폭 줄었다. 주주가치의 '희석화' 문제가 아주 심각하다.

2020년 7월 1조 1,269억 원이 납입된 1차 증자에서 기존 주주가 대한항공에 현금을 넣어 증자에 참여하지 않았다면 미래이익에 대한 권리가 100%에서 55%로 축소된 것이다. 2021년 3월 납입 예정인 2조 5,000억 원 규모의 2차 증자에도 참여하지 않는다면 지분율은 27%로 더욱 축소된다. 현 주가의 약 절반 가격에 2차 증자를 강행하는 경영진과 이를 승인한 이사회는 주주가치를 파괴하고 있다.

대한항공은 매년 주주에게 현금을 요구한다. 2020년은 코로나19 위기 극복용이었고, 이번의 현금 요구는 아시아나 인수를 위한 것이다. 하지만 증자를 하려면 테슬라에게 배워라. 테슬라는 급증한 시가총액을 이용해 2020년에 세 차례나 유상증자를 단행했다. 2020년 말 마지막 증자를 통해 테슬라는 50억 달러의 신규 자금을 확보했지만, 주식 희석화 비율은 0.8%로 주가나 기존 주주에 미치는 충격이 없었다.

대한항공 주가는 10년 전과 비교하면 매년 9% 하락했고, 5년 전과 비교하면 불과 연 3% 상승했다. 어떤 애널리스트는 가치 파괴의

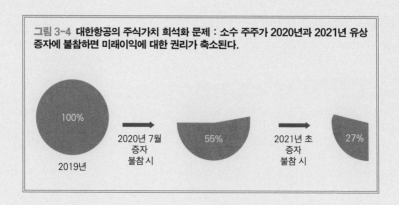

그림 3-4 대한항공의 주식가치 희석화 문제 : 소수 주주가 2020년과 2021년 유상 증자에 불참하면 미래이익에 대한 권리가 축소된다.

100%

2019년

2020년 7월
증자
불참 시

55%

2021년 초
증자
불참 시

27%

대명사인 대한항공의 목표 주가를 설정할 때 (삼성전자 수준인) PBR 기준 1.5~2.0배를 곱한다. 국내 증권사들이 투자자들에게 신뢰받지 못하는 이유를 알 것 같다.

과도한 레버리지는 비단 한국 재벌에 국한된 문제가 아니다. 최근 중국도 기업의 매우 많은 채무가 국가 차원에서 문제가 되고 있다.

과도한 레버리지가 금융위기 초래

금융업은 경기를 잘 반영하며, 자기자본의 10배가 넘는 레버리지를 일으켜서 예금을 받아 개인과 여러 업종의 다양한 사업자들에게 대출을 해주고 각종 수수료를 받는 것이 은행의 비즈니스 모델이다.

탐욕이 지배하는 월가에서 3대 투자은행인 골드만삭스, 모건스탠리, 메릴린치는 2007년 당시 대한민국 GDP(1조 1,000억 달러)와 비슷한 규모의 자산을 전 세계에서 굴렸다. 2007년 말 3사의 총자산은 각각 1조 1,000억 달러, 1조 달러, 1조 달러였다. 리스크 관리가 제대로 되지 않는 방대한 자산 규모 자체도 문제였지만, 더 심각한 것은 높은 레버리지였다. 레버리지 배수(총자산/자기자본)가 골드만삭스는 26배, 메릴린치는 31배, 모건스탠리는 34배에 달했다.

레버리지의 유혹에 빠지면 과도한 투자를 일삼게 되고, 대한항공과 아시아나의 경우와 같이 적자에 빠지면 분모인 자기자본이 축소되면서 레버리지 배수가 급격히 나빠지는 악순환에 빠지게 된다. 2008년 금융위기 때 파산한 리먼 브라더스 등 월가의 투자은행들은 수익률이 높지만 리스크도 높은 모기지 채권에 많이 투자했고, 이들이 부실화되기 시작했다. 레버리지가 30배이니 총자산의 3%만 상각해도 자기자본이 거의 잠식된다.

미국 금융 시스템은 붕괴되기 직전이었다(이는 현재 진행 중인 대한항공과 아시아나 합병이 얼마나 위험한 딜인지 설명해준다). 급기야 메릴린치는 시중은행인 뱅크오브아메리카에 인수되고, 골드만삭스는 버핏이 우선주에 출자해주면서 겨우 위기를 넘겼다.

2008년 금융위기 전 미국 3대 투자은행이 30배 가까운 레버리지를 일으킨 이유는 자기자본이익률(ROE)을 높이기 위해서였다. ROE는 투입한 자기자본('내 돈') 대비 순이익('얼마나 벌었나')을 측정하는 것이다. 일반적으로 ROE가 10%를 넘으면 '괜찮은' 회사고 15%를 꾸준히 상회하면 '우량기업'으로 취급한다. ROE는 기업 성과를 측정할 때 많이 사용되고, 증시에서는 절대적인 성적표다.

파산한 리먼 브라더스를 포함해 월가의 투자은행들은 2000년대 중반에 나쁜 버릇이 들었다. 경영 성과가 신통치 않아도 레버리지를 높이면 ROE를 좋게 만들 수 있다는 점에 착안한 것이다. 금융업에서 통상 ROE 10%는 기본이고 당시 초우량 투자은행은 높은 주가를 유지하기 위해 20%가 넘는 ROE를 목표로 했다. 골드만삭스는 2006년과 2007년 모두 33%의 ROE를 달성했는데, 총자산이익률(return on asset, ROA)은 1%대에 머물렀지만 레버리지를 30배로 높인 결과였다. 물론 지속 가능한 비즈니스 모델이 아니었다.

1988년 개봉한 〈월스트리트〉의 속편으로 2010년에 개봉한 〈월스트리트 : 머니 네버 슬립스〉는 미국 서브프라임 모기지 사태와 2008년 금융위기를 다룬 영화다. 전편과 마찬가지로 마이클 더글러스가 주인공 고든 게코 역을 멋지게 소화하는데, 그는 금융위기를 빗대어 "모든 악의 근원은 투기하고 싶은 인간의 욕망이다. 최대한 돈을 빌려라. 하지만 빚에 의존한 투기는 암처럼 나쁜 질병이다"라고 연설을 마친다.

ROE 자세히 알아보기

ROE 듀폰 모델이란

'ROE 듀폰 모델'은 월가에서 많이 사용하는 경영 성과 지표다. 자기 돈으로 어떻게, 얼마의 순이익을 냈는지 측정하는 것으로 이해가 쉽고 산업별·회사별 특징이 금방 드러난다. ROE(return on equity)는 높으면 높을수록 좋지만, 업종별로 또 기업의 발전 단계상 차이가 있다. 그래서 ROE 구성 요소를 조목조목 나눠서 따지는 듀폰 모델이 필요하다. 1년치 데이터로 결론을 내리기보다는, 5~10년에 걸쳐 ROE 흐름을 파악하고 경쟁사 ROE와도 비교하는 습관이 중요하다.

일반적으로 ROE가 꾸준히 10%를 넘으면 '괜찮은' 기업이다. 자동차 업종은 슈퍼카를 만드는 페라리나 람보르기니 등을 제외하고 10%의 ROE를 지속적으로 달성한 기업이 없다. 자동차는 돈을 벌기 힘든 업종이다. 삼성전자는 지난 5년간 ROE가 9~21%였으니 좋은 기업이긴 하지만, 변동이 심하다.

ROE 구하는 법

—

ROE는 ROA와 레버리지를 곱해 구한다. ROA는 기업이 가진 총자산으로 얼마나 벌었나(순이익)를 따지는 계산이기 때문에 매우 펀더멘털한 경영 지표다. 스타벅스, 애플, 홈디포처럼 장기간에 걸쳐 대규모로 자사주를 매입소각한 기업은 장부상 자기자본이 인위적으로 축소돼 있기 때문에 ROE 계산이 무의미하다. 이런 경우 ROA를 이용해 분석하길 권한다. 2007년 월가의 투자은행들 사례처럼 레버리지에 의해 ROE가 개선됐다면 그 이유를 상세히 따져봐야 한다.

자기자본이익률(ROE) = 순이익/자기자본*

= 총자산이익률(ROA) × 레버리지

= 순이익/총자산* × 총자산/자기자본

= 순이익/매출액 × 매출액/총자산* × 총자산/자기자본

　　(순이익률)　　　　(총자산회전율)　　　　(레버리지)

*기초와 기말 평균

순이익률

ROE를 더 쪼개면 '순이익/매출액', '매출액/총자산', '총자산/자기자본'이라는 3가지 변수의 곱이다. '순이익/매출액'은 순이익률이다. 쉽게 말해 '물건을 팔아 얼마나 남겼나'로, 에르메스처럼 최고의 명품을 파는 회사는 순이익률이 20%가 넘는다.

　월마트, 코스트코 같은 할인점은 박리다매 정책을 취하니 순이익률이 매우 낮지만, 변화도 거의 없다. 코스트코의 2020년 회계연도 순이익률은 2.4%였다. 삼성전자는 지난 5년간 순이익률이 9~18%로 우수한 편이나 IT 제조업 특성상 변동이 심하다.

총자산회전율

'매출액/총자산' 배수를 총자산회전율이라고 하며, '기업의 모든 자원을 활용해 얼마나 많이 팔았나'를 보여준다. 코스트코는 총자산회전율이 3.3배로 매우 높다. 일반적으로 할인점과 편의점은 백화점에 비해 총자산회전율은 훨씬 높고 순이익률은 낮다. 마진은 낮지만 판매 금액이 많다.

　가령 객단가가 7만 원인 프랑스 레스토랑이 하루에 한 테이블만 받고, 객단가가 7,000원인 북엇국 식당이 하루 종일 손님이 찬다면

ROE가 훨씬 높을 수 있다. 북엇국 식당은 불황도 타지 않기 때문에 이익의 변동도 없으니 가치가 높은 비즈니스다.

박리다매의 대명사인 코스트코가 24%에 달하는 ROE를 유지하는 비결은, 순이익률이 2.4%밖에 되지 않지만 손님이 항상 많고 객단가도 높아 총자산회전률이 3.3배나 되기 때문이다. 아울러 주주에게 높은 배당을 함으로써 적정 수준의 자기자본을 유지해 레버리지 배수를 최적화된 3배 수준으로 유지한다. 코스트코는 올드패션 기업으로 생각되지만 주주친화적이고 합리적인 경영을 한다.

코스트코 2020회계연도* ROE = 23.9%

= ROA × 레버리지 = 7.9% × 3.0배

= (순이익/매출액 × 매출액/총자산) × 레버리지

= (2.4% × 3.3배) × 3.0배

* 2020년 8월 결산

주가를 결정하는 5가지 요소
금리

금리는 주가와 반대로 간다

일반적으로 금리가 낮으면 주가에 호재다. 코로나19로 인한 풍부한 유동성과 초저금리 덕택에 주식, 채권, 부동산 등 거의 모든 자산가격이 강세다. 주가는 '절대가치'와 '상대가치'의 영향을 받는다. '절대적 의미'에서 주식의 현재가치는 미래에 기업이 버는 돈(분자)을 자본비용(분모)으로 할인한 것이다. 따라서 금리가 내려가면 분모가 작아지기 때문에 주식의 현재가치가 상승한다.

물론 금리 하락은 경기 위축을 의미하기도 하지만, 경기 위축에 따른 미래이익 축소분(분자)보다 분모의 감소폭이 크므로 주식가치는 상승한다. 예외도 있다. 경기가 빠르게 회복 조짐을 보일 때 금리와 주가가 동반 상승하는 경우가 많다. 금리가 올라 분모가 커지기는 하나, 경기 회복 초기에는 미래의 기업이익 개선폭(분자)이 워낙

표 3-14 **금리와 배당수익률(세계 평균)**

단위: %

MSCI World 지수 (배당수익률)

Bloomberg Barclays Global Aggregate 지수 (금리)

2006 2007 2008 2009 2010 2011 2012 2013 2014 2015 2016 2017 2018 2019 2020

출처: 파이낸셜 타임스

커서 주식의 현재 가치 상승으로 이어진다.

주식의 '상대 가치'란 채권이나 부동산 등 다른 자산과 매력도를 상대 평가하는 것이다. 지금 전 세계 주가의 평균 배당수익률이 2%를 조금 넘는다. 미국 10년물 국채 수익률(1%)의 2배나 된다. 물론 주식은 원본 손실의 가능성이 있다. 하지만 채권가격이 너무 높아 (제로 금리 근접) 주식의 메리트가 상대적으로 부각되고 있다. 2013년 노벨 경제학상을 수상한 로버트 실러(Robert Shiller) 예일대 교수는 증시의 고평가 여부를 잘 맞히는 것으로 유명한데, 2020년 11월 "채권 금리에 비해 주가는 상대적으로 매력적이라고 볼 수 있다"라고 발표했다. 전 세계 중앙은행들은 2022년까지 초저금리 정책을 중단할 것 같지 않기 때문에 주식시장이 지지될 가능성이 높다.

주가를 결정하는 5가지 요소
거버넌스

좋은 거버넌스, 높은 프리미엄

거버넌스란 지배 주주, 외국 주주, 소수 주주, 더 나아가 다양한 이해관계자들이 기업이익 극대화라는 장기적인 공동 목표를 위해 책임 있게 함께 노력하는 것이다. 가깝게 지내는 미국 투자자는 "지구 반대편에 있는 우리는 우리가 투자한 한국, 중국, 일본의 기업 경영진이 밤새 엉뚱한 짓을 하지 않았나 항상 걱정한다. 경영진이 믿음을 주고 주주들과 신뢰를 구축하는 것이 좋은 거버넌스다"라고 했다. 한국 상장기업의 지배 주주들은 기업가치를 높이기보다 많은 관계사를 통해 그룹의 세를 확장하고 소유와 지배를 강화하는 데 관심이 더 많은 것 같다.

상법도 소수 주주에게 불리한 규정이 많고, 이사회가 제 기능을 못해서 기업가치를 떨어뜨리는 특수관계자 간의 거래를 막지 못한다. 의무공개매수 제도가 없기 때문에 대주주는 소수 주주보다 2~3배 높은 가격에 기업을 매각할 수도 있다. 2016년 KB금융지주가 현대증권을 인수할 때 대주주인 현정은 패밀리는 2만 3,182원에 지분을 매각했지만, 개인 투자자들은 그 30%에도 못 미치는 6,737원에 매각할 수밖에 없었다. 운동장이 너무 기울어 있다.

기업 거버넌스가 개선되면 리스크가 축소되므로 주가 평가 수준(stock valuation)이 높아진다. 가령 PER 10배에 거래되던 기업이 거버넌스 개선으로 인해 13~15배에 거래되는 것이다. 2021년 수익 추정 기준 애플의 PER은 33배, 스타벅스는 38배, 마이크로소프트는 31배로 모두 높다. 그 이유 중 하나가 훌륭한 거버넌스다.

한국 기업 중에는 네이버가 거버넌스의 모범사례로 생각된다. 네이버는 이사회 중심으로 기업이 경영되고 사외이사들의 질이 좋으며 참여도가 높다. 좋은 거버넌스의 핵심은 경영진과 이사회 간의 견제와 균형이다. 선진국도 거버넌스가 엉망인 곳들이 많다. 2008년 글로벌 금융위기도 결국 거버넌스의 문제였다. 단기 성과에 집착해 30배 이상의 레버리지를 일으킨 골드만삭스, 모건스탠리, 메릴린치, 리먼 브라더스 등의 경영진과 이를 제대로 견제 못한 이사회의 책임이 크다. CEO를 포함한 경영진의 보상체계가 단기 성과 중심으로 이뤄진 것도 문제였다.

한국 기업, 아시아에서 바닥권

주식의 가치는 주주의 기업이익 공유 및 배당에 대한 권리뿐 아니라 다른 '기본적 권리'에 의해서도 영향을 받는다. 즉 기업과 관련된 중요한 정보를 제때 받을 권리, (의결권이 있는 보통주의 경우) 주주총회에서 이사회 멤버를 선출할 권리, 인수합병(M&A)에 투표할 권리, 기업 운영에 변화를 제안할 권리 등이 포함된다.

불행히도 한국은 주주의 기본적 권리가 거의 없다. 한국 주식이 동종업계의 해외 기업에 비해 할인되어 거래되는 '코리아 디스카운트'의 요인이다. 홍콩에 본사가 있는 아시아기업거버넌스협회(Asian Corporate Governance Association)의 최근 조사에 의하면, 기업 거버넌스에서 한국은 아시아 12개국 중 9위다. 호주, 홍콩, 싱가포르는 물론 말레이시아, 태국, 인도보다도 아래다. 한국 밑에는 중국, 필리핀, 인도네시아밖에 없다.

선진국은 주주들이 이사 선임에 직간접적으로 영향력을 행사할 뿐 아니라, 경영진을 교체하기도 하고 M&A가 있을 때는 주주가치를 높이는 방향으로 주주총회에서 표를 행사한다. 주주는 주총 등 여러 경로를 통해 경영 현안에 대해 자기 목소리를 낼 수 있어야 한다. 지배 주주, 외국 주주, 소수 주주의 기본적인 권리는 모두 같다.

주주의 권리가 확실하면 주가에 프리미엄 요소가 된다. 명품 중의 명품을 판매하는 프랑스의 에르메스 주가는 다른 럭셔리 기업보다 프리미엄에 거래된다. 한때 금융시장에 LVMH 그룹이 에르메스 M&A를 시도 중이라는 얘기가 돌았고, 실제로 에르메스 지분을 20%나 매집했기 때문이다. 에르메스는 패밀리 기업이지만, 소수 주주도 이러한 주가 프리미엄을 함께 누린다.

외국은 패밀리 기업 주식이 증시에서 프리미엄에 거래되는데, 한국은 반대로 디스카운트되는 이유가 무엇일까? 그 이유는 크게 4가지라고 생각한다.

첫째, 한국 대기업은 지속적으로 대규모 설비 투자를 해야 하는 자본집약적 산업에 몰려 있다. 한국의 대표적 산업인 반도체, 자동차, 철강, 정유, 석유화학뿐 아니라 배터리도 매년 수조 원의 투자가 필요하다. 자본집약적 산업은 이익이 경기에 매우 민감하고(highly cyclical)하고 예측도 어렵다(low visibility). 주가가 디스카운트되는 요인이다. 21세기 증시는 애플 같은 자산 경량 모델(asset-light model)을 선호한다.

둘째, 취약한 기업 거버넌스 때문이다. 소수 주주의 피해가 자주 발생하고 이들을 보호하는 장치도 없다. 아직도 배당률이 낮고 이사회의 독립성도 약하다.

셋째, 정부의 과도한 간섭도 심각한 디스카운트 요인이다. 금융업이나 통신업, 한국전력 같은 규제산업뿐 아니라 유통업도 정부의 간섭에 시달린다.

넷째, 급격히 둔화되는 내수 성장률은 인구의 자연 감소와 함께 한국 내수기업의 장기성장성을 훼손하는 디스카운트 요인이다.

참고로, 일부에서 주장하는 남북관계나 회계 불투명성 등은 코리아 디스카운트 이유에 대한 적합한 설명이 아니다.

거버넌스 개선 중인 삼성전자, 현대모비스, KT&G

—

일부에서는 기업 거버넌스를 외국인 대 내국인의 대결 구도로 몰고 가는데, 매우 위험한 발상이다. 거버넌스는 제로섬 게임이 아니다. 모든 주주가 윈-윈하는 게임이다.

세계 최대 행동주의 펀드인 엘리엇 매니지먼트(Elliott Management)가 2015~2019년 삼성과 현대차그룹에 기업 거버넌스 개선과 주주수익 제고 등을 요구한 적이 있다. 엘리엇 매니지먼트는 뛰어난 법률 지식과 정교한 분석으로 월가에서는 존경을 받지만 기업에게는 공포의 대상이다.

엘리엇 매니지먼트는 2016년 20억 달러 이상을 투자해 삼성전자 보통주 지분 0.6%를 취득한 후, 같은 해 10월 삼성전자 이사회에 〈기업가치 제고를 위한 제안서(Letter to The Samsung Electronics Board of Directors Outlining Value Enhancement Proposals)〉를 보냈다. 일반에 내용을 공개하기도 했다. 엘리엇 매니지먼트는 PER, EV/EBITDA, PBR(현금가치 제외) 기준으로 삼성전자와 글로벌 9개 경쟁사의 주가 수준을 비교했는데, 삼성전자는 34~68%나 디스카운트되고 있었다.

2016년 삼성전자 외에도 2005년 KT&G, 2018년 현대모비스, 현대차, 기아차는 모두 세계적인 행동주의 펀드의 타깃이 됐다. 외국의 유수 행동주의 펀드의 타깃이 되는 기업은 본사가 어느 나라에 있든 다음과 같은 공통점이 있다.

- 시가총액이 수조 원 이상이다.
- 펀더멘털이 매우 우수하다.
- 거버넌스 이슈로 시장의 신뢰가 부족하다.
- 글로벌 동종 타사에 비해 주가가 크게 저평가돼 있다.

삼성전자와 현대차그룹 3사는 세계적인 제품 경쟁력을 자랑한다. 또한 KT&G는 국내 담배 독점사업자다. 아이러니하게도 삼성전자, 현대모비스, KT&G 모두 행동주의 펀드의 요구를 일부 수용한 후 주주가치가 개선되고 있다. 엘리엇 매니지먼트와 칼 아이컨이 요구한 배당 확대, 자사주 매입소각, 유휴자산 매각, 지배구조 개선은 모든 주주에게 혜택이 돌아가는 일이기 때문이다. KT&G 경영진은 주주 중심의 경영을 요구받은 후 '주주이익 환원 및 중장기 성장 전략'을 발표했다. 그 후 주주와 이익을 공유한다는 배당 관행이 KT&G에 확실히 자리를 잡아 2020년에도 5%의 배당수익률이 예상된다.

삼성전자는 엘리엇 매니지먼트의 자사주 소각 요구를 수용해, 2017년 유통 주식 수의 10%인 1,384만 3,690주를 소각했다. 이로써 주주가치가 크게 상승했다. 배당도 2016년 570원에서 2019년 1,426원으로 꾸준히 증가했고, 잉여현금흐름(free cash flow)의 50%를 주주에게 환원하겠다는 약속도 지키고 있다.

현대모비스는 2019년 3월 주주총회에서 엘리엇 매니지먼트와 위임장 대결을 벌였다. 사측 제안이 모두 주주총회에서 원안대로 통과됐지만 그 과정에서 모비스는 거버넌스가 개선됐다. 2019년 주주총회에서 선임된 외국인 사외이사 2명은 과거보다 독립적이다. 같은 해에 발표한 〈주주가치 제고 전략〉도 착실히 시행 중이다.

상장사는 무조건 주주가치를 높여야 한다. 지속적 이익 성장, 배당, 자사주 매입소각, 이사회 업그레이드 등 주주가치를 높이는 데게으른 기업은, 특히 경영 성과가 우수하면 본사가 어디에 있든 행동주의 펀드들이 관심을 가질 수 있다. 헤지펀드의 일종인 행동주의 펀드는 한국 기업의 경영권에 전혀 관심이 없다. 이들은 자신의 목표인 수익률만 달성하면 미련 없이 주식을 처분하고 한국을 떠난다.

주식을 분류하는 4분법

좋은 기업, 좋은 주식

주식시장은 복잡하고 어려워 보이지만, 주식을 다음과 같이 4가지로 분류하면 간단하다.

- 좋은 기업, 좋은 주식
- 좋은 기업, 나쁜 주식
- 나쁜 기업, 좋은 주식
- 나쁜 기업, 나쁜 주식

이런 4분법은 여러 세계적인 헤지펀드들과 많은 토론을 하며 체득한 것으로, 투자 종목을 논리적으로 분류하고 사고 프레임워크를 단순화하기 위해 유용하다.

29년 전 한국 증시가 외국인에게 처음 개방됐을 때 미국의 헤지 펀드들은 대단히 '좋은 기업, 좋은 주식'이었던 한국이동통신(현 SK 텔레콤), 안국화재(현 삼성화재), 포항제철(현 포스코)과 '나쁜 기업, 좋은 주식'이었던 강원산업, 동국제강 등을 매입해 수십 배의 차익을 거뒀다.

좋은 기업과 나쁜 기업은 일반 상식으로도 구분 가능하다. 제품과 서비스가 뛰어나고 수익성이 높으며 고성장하면 좋은 기업이다. 한국에서 대형주 중 좋은 기업은 삼성전자, SK하이닉스, 네이버, LG생활건강 등 몇 개 되지 않는다.

10~15년 전의 현대차나 기아차같이 제품혁신이 이뤄지면서 나쁜 기업에서 좋은 기업으로 바뀌고 주가가 많이 오른 경우도 있다. 그러나 지금 현대차그룹은 좋은 기업과 나쁜 기업의 경계에 서 있다. 그룹은 선방하고 있지만 자동차 업종이 엄청난 변화를 겪어 미래를 예측하기 어렵기 때문이다.

아모레퍼시픽은 과거에 좋은 기업이었으나 더 이상은 아니다. 수년 전 너무 큰 사옥을 짓고 난 뒤 초심을 잃고 제품 경쟁력에서 뒤쳐졌기 때문이다.

좋은 기업을 구분할 때 중요한 기준 중 하나가 CEO의 능력이다. 포스코는 여러 번 정치 바람을 타고 경영진이 바뀌면서 CEO가 잘못된 의사결정을 해 좋은 기업이 나쁜 기업으로 망가진 경우다. 그 결과 빚만 늘었다. 불행히도 한국전력, 대한항공은 업종이 어려워 원래부터 나쁜 기업이었다.

산업이 성숙하면서 성장이 둔화돼 좋은 기업이 점차 나쁜 기업으로 바뀌는 사례도 있다. SK텔레콤이 대표적이다. 두산, 금호같이 그룹 리더십이 취약해 핵심 경쟁력을 찾지 못한 곳도 나쁜 기업에 속한다. 또한 롯데, 신세계, 신한지주, KT 등 사업 포트폴리오가 내수 위주로 구성되면 인구 감소, 내수 침체 등의 이유로 '나쁜 기업' 딱지를 떼기 어렵다.

좋은 기업과 나쁜 기업을 구분하기는 쉽지만, 좋은 주식과 나쁜 주식을 구분하는 일은 생각보다 쉽지 않다. 회사의 펀더멘털이 주가에 얼마나 반영됐는지 판단해야 하기 때문이다. '좋은 기업, 좋은 주식'은 장기간 꾸준히 투자수익이 나는 경우고, 단기간에 가장 높은 투자수익은 '나쁜 기업, 좋은 주식'이 낸다.

삼성전자, 네이버, LG생활건강, TSMC, 코스트코, LVMH, 나이키, 아마존, 페이스북, 마이크로소프트처럼 장기 보유에 적합한 '좋은 기업, 좋은 주식'은 길게 보면 연 10% 이상의 수익을 꾸준히 기대할 수 있다. 이외에도 해외의 좋은 기업은 넷플릭스, 엔비디아, 아디다스, 월마트, P&G, 디즈니, LVMH, 케어링, 로레알, 에스티로더, 허쉬, 로슈 등 무수히 많다.

나쁜 기업, 좋은 주식

'나쁜 기업, 좋은 주식'은 위험하다. 하지만 '대박'을 터뜨릴 수 있다. 철저히 소외될 때 주가가 과도하게 하락하기 때문이다. 경기관련주나 증권주가 해당된다. 이런 기업은 한 사이클 평균을 놓고 보면 ROE가 높지 않고 업황에도 매우 민감하다. 주가가 너무 하락해 악재가 100% 반영되면 그 시점부터 '나쁜 기업, 좋은 주식'이 된다. 상승할 때는 바닥에서 최소 몇 배가 오른다. 물론 주가가 정점에 달한 후 다시 하락하는 사이클이 반복된다.

'나쁜 기업, 좋은 주식'은 기업 펀더멘털이 떨어져 장기 보유에는 적합하지 않다. 경기에 매우 민감한 해운주나 조선주도 대표적인 '나쁜 기업, 좋은 주식'이 되는 국면이 있다. 2009년부터 2년간 경기가 회복되자 한진해운, 삼성중공업 등은 주가가 수배씩 급등한 경험이 있다. 하지만 한진해운은 2017년에 파산했다.

조선, 해운, 반도체, 자동차, 철강, 유화 등 경기민감주는 PER이 매우 높을 때 매수하고 PER이 가장 낮을 때 매도하는 전략을 추천한다. 상식과는 정반대다.

산업 수급이 좋지 않아 제품가격이 하락하면 경기민감주는 적자를 내거나 이익률이 악화된다. 1장에서 본 〈표 1-5〉의 산업 경기 과거 저점인 'T-9개월' 전후다. 이때는 적자여서 PER 산출이 불가능하거나 분모인 순이익(또는 주당순이익)이 매우 작아서 PER이 수십에서 수백 배가 되기 십상이다. 이즈음이나 몇 달 전이 매수 타이밍이다.

반면 이익이 정점에 달하면(다음 정점인 'T+18개월') 분모가 너무 커져서 PER이 수배밖에 되지 않는다. 이즈음이나 조금 전에 팔고 나와야 한다. 시장은 펀더멘털을 미리 반영하는 경향이 있기 때문에 주가의 바닥과 정점은 기업이익의 변곡점에 선행한다.

'나쁜 기업, 좋은 주식'은 매수 시점과 매도 시점을 정확히 골라야 하기 때문에 아마추어 투자자들이 쉽게 접근할 수 있는 영역은 아니다.

나쁜 기업, 나쁜 주식
———

대한항공같이 매년 증자를 해 주주에게 돈을 요구하고 경쟁사를 고가에 인수하는 기업은 대표적인 '나쁜 기업, 나쁜 주식'이다. 아시아나의 현재 주식가치는 제로에 가깝다. 빚이 너무 많기 때문이다. 아시아나 역시 '나쁜 기업, 나쁜 주식'이다.

앞으로 20~30년은 ESG(환경 · 사회 · 거버넌스)가 기업 경영의 중심축이 될 것이다. 이를 등한시하는 기업은 특히 밀레니얼 세대와 Z세대로부터 외면당할 것이다. 지구 온난화의 주범으로 낙인찍힌 미국 엑슨모빌, 영국 BP 같은 석유회사나 말보로 제조사 알트리아, 필립모리스는 모두 배당수익률이 6~9%나 되지만 주가는 수년째 하락 중이다. 한국은 철강 · 석유화학 · 시멘트 · 정유 업종이 ESG 관점에서 주의가 요구된다. ESG를 경영의 핵심가치로 받아들이지 않는 기업은 앞으로 뮤추얼 펀드, 연기금으로부터 외면당해 약세일 수밖에 없다.

4분법 논리는 개별 종목뿐 아니라 특정 국가의 증시에도 적용된다. 외국인 눈에 1998년 IMF 외환위기 당시 한국 증시는 '나쁜 기업, 좋은 주식'이었다. 환차익까지 더하면 그 후 몇 년간 외국인 투자자들은 한국 증시에서 수배의 이익을 남겼다.

1990년대의 한국 주식은 세계 금융시장에서 '찬밥'이어서 가깝게 지냈던 어느 미국 헤지펀드 매니저는 터키와 한국 시장을 동시에 담당했다. 다른 증시와 상관관계가 없고 미국인 입장에서는 이해하기 어려운 두 시장을 회사가 그에게 맡긴 것이었다. 그러나 2000년대 들어서부터 삼성전자, 현대차 같은 기업은 세계적인 경쟁력을 갖게 됐고, 내수도 활성화되면서 신세계, 아모레퍼시픽처럼 우수한 비즈니스 모델을 가진 '좋은 기업, 좋은 주식'이 한동안 우리 증시에 많았다.

개인 투자자들은 어떻게 종목을 선정하는 것이 현명할까. '좋은 기업, 좋은 주식'을 길게 보고 분산 투자하는 것이 정답이다. 경험이 많고 위험을 감수할 용의가 있다면 '나쁜 기업에서 좋은 기업으로' 변신할 제2의 기아차를 찾는 방법도 있다.

애널리스트 추천 종목, 너무 믿지 마라

애널리스트가 추천하는 종목이 결과가 좋지 않은 경우가 많다. 그들은 좋은 기업과 나쁜 기업은 구분해도 좋은 주식과 나쁜 주식을 나누어 따져보는 훈련이 부족하기 때문이다. 추천한 종목이 결과가 좋지 않은 경우가 많았던 애널리스트라도 시장에서 영향력이 있으면 증권사는 인사고과에서 불이익을 주지 않는다.

애널리스트는 본인이 커버하는 종목을 좋은 기업으로 평가하는 경향이 있고, 좋은 기업도 주가가 너무 오르면 '좋은 기업, 나쁜 주식'이 된다는 사실을 간과한다. 애플도 주가가 150달러를 넘으면 최소 1년간은 '좋은 기업, 나쁜 주식'이 될 수도 있다. 12만 원을 넘으면 삼성전자도 마찬가지다. 골드만삭스 전무인 로드 홀(Rod Hall) 애널리스트는 애플 주가가 72달러이던 2020년 4월 14일 성급하게도 매도를 추천했다. "애플은 우량한 IT기업이지만 주가가 단기간 급등했다. 좋은 뉴스가 이미 다 반영돼 향후 1년간은 주가가 하락할 수 있다." 그 후 애플 주가는 80% 이상 상승했다.

만약 어떤 애널리스트가 매수(buy) 추천을 한다면, 12개월간 주식총수익률이 현금배당을 포함해 10% 이상은 기대할 수 있어야 한다. 투자자는 투자 원본이 감소하는 리스크를 지므로 1년에 최소 10%의 수익은 예상돼야 투자하는 것 아닌가. 0~10%가 기대되면 보유(hold)하고, 배당을 받아도 주가 하락이 심해 손실이 날 때는 매도(sell)한다.

지금도 대한항공 매수를 추천하는 애널리스트들이 대부분인데, 과연 주주의 입장에서 유상증자로 인한 주주가치 희석화를 반영해 총수익률을 계산하는지 묻고 싶다. 한국은 애널리스트의 종목 추천이 대부분 매수이므로, 참고용일 뿐 절대로 믿을 만한 것은 아니다.

애널리스트는 기업의 수익이 회복될 때 자신 있게 상향 조정을 하지 않고 시장의 눈치를 보며 조금씩 따라가는 경향이 있다. 거꾸로 이익 사이클이 꺾였을 때도 확실히 하향 조정을 하지 않고 조금씩, 여러 번에 나눠서 이익 추정치와 목표 주가를 낮춘다. 순진하게 애널리스트만 믿어서는 좋은 투자 기회를 놓치거나 주식을 제때 팔지 못하는 일이 생긴다. 삼성전자 이익이 2019년 바닥을 치고 상승 중인데 애널리스트들은 2020년 내내 찔끔찔끔 이익 및 목표 주가를 조정했다.

미국 증시에서 조사한 바에 따르면, 주식의 90%는 12개월 동안 가격이 오르거나 내린다. 횡보하는 경우는 드물다. '보유'를 추천할 때 애널리스트는 속으로 '매도'를 외치는 경우가 많다. 애널리스트는 자신이 담당하는 기업(특히 대기업이라면)과 대치하기 부담스럽고, 증권사 경영진도 매도 추천으로 언론의 주목을 받기 원하지 않는다.

1996년 동방페레그린증권 리서치센터장으로 재직할 때였다. 포스코를 담당하던 영국인 애널리스트가 있었는데 매도 추천 후 '꽤

썸죄'에 걸려 1년 이상 포스코 방문을 금지당했다. 그는 한국 실상에 좌절했고 결국 인도네시아 지사로 옮겨 갔다. 상장사 CEO나 CFO 중 의외로 주식시장의 원리를 모르는 경우가 많다. 애널리스트가 매도 추천을 하면 자신을 비난한다고 여기기도 한다. 한국뿐아니라 월가에서도 종종 생기는 일이다.

주식시장에서 주가에 가장 민감하고 방향성을 가장 잘 맞히는 그룹이 헤지펀드 매니저, 그다음이 뮤추얼 펀드, 연기금 매니저다. 증권사 애널리스트는 주가의 움직임에 상대적으로 둔하다. 가장 느린 그룹이 이코노미스트다. 그중에서도 관변 이코노미스트들이 가장 둔하다.

한국은행이나 IMF가 경제 전망을 바꾸는 시점은 금융시장에 이미 펀더멘털의 변화가 반영된 이후라 시장의 기대감을 확인하는 정도의 의미밖에 없다.

삼성전자 주가를 예측하는 방법

삼성전자는 '좋은 기업, 좋은 주식'이지만 반도체 및 IT 하드웨어는 이익이 경기에 민감하고 부침이 심하다. 초격차로 표현되는 업종 내 리더십이 강화되면서 지난 10년간 이익률의 저점과 고점이 모두 높아진 게 삼성전자의 특징이다.

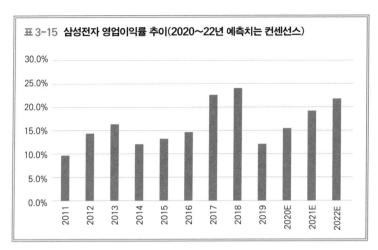

표 3-15 **삼성전자 영업이익률 추이(2020~22년 예측치는 컨센선스)**

출처: 삼성전자

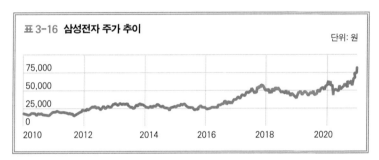

표 3-16 **삼성전자 주가 추이**

단위: 원

출처: 삼성전자 IR 홈페이지

　　영업이익률 추이를 보면 2011년(9.8%), 2014년(12.1%), 2019년
(12.1%)이 사이클의 저점이었다. 각 사이클의 고점은 2013년(16.1%),
2018년(24.2%)이었다. 2019년 바닥을 치고 이제 새 사이클이 시작
돼 증권사 추정치 평균인 컨센서스에 의하면 2022년까지 마진 개
선이 지속된다. 주가가 2020년 말 8만 원을 돌파한 이유다.

장기이익 사이클을 보라

삼성전자 주가는 장기이익 사이클과 동행한다. 이익의 변곡점 부근에서는 주가가 이익을 선행했다. 지난 사이클을 살펴보자. 2018년 영업이익률 정점을 몇 달 앞둔 2017년 11월에 주가는 5만 7,000원 고점을 찍은 후 조정받았다. 2019년 초에는 3만 7,450원 저점을 찍고 상승 중이다. 실제로 삼성전자 경영 성과도 2019년이 바닥이었다.

1~2년 후 삼성전자 주가, 2가지 변수가 좌우한다

삼성전자 주가가 앞으로 10만 원, 12만 원을 돌파할지 여부는 2가지 변수에 달렸다. 첫째, 영업이익률의 정점이 언제인가? 둘째, 이때의 최고 이익률은 얼마인가?

최근 9만 원을 돌파한 주가는 부침이 있겠지만 앞으로 12~18개월간 이번 이익 사이클의 피크를 찾는 작업을 계속할 것이다. 모든 애널리스트가 2022년까지 삼성전자의 이익이 개선된다고 예상하고 있다. 애널리스트 추정치가 2022년까지만 제공되지만 과거 사이클을 적용하면 아마 2022년이나 2023년이 이익의 정점이 될 것같다.

사이클이 개선될 때 애널리스트들이 서로 눈치를 보며 보수적으로 추정하는 성향을 감안할 때, 2018년 최고 마진 24%가 재현될 수 있다고 가정해보자. 그렇다면 70조 원의 영업이익을 2022년에 달성한다. 2020년 영업이익의 2배 수준이다. 과거 사이클의 주가 정점인 5만7,000원(2017년 11월 기준)은 그 다음 해인 2018년 피크 주당순이익 대비 9배 PER 수준이었다.

최근의 저금리 상황, 이익의 변동성 둔화, 일부 개선된 거버넌스를 고려하여 과거보다 높은 12~15배 PER 피크 주가 평가(peak stock valuation)를 적용해, 2022년 주당순이익에 곱하면 예상 주가는 9만 3,600~11만 7,000원이다.

이번 사이클의 주가 고점을 계산하는 방법

5가지 가정을 해보자.

- 가정 1. 2019년에 이익 사이클의 저점을 지나 3~4년 후인 2022~2023년이 이번 이익 사이클의 고점이다(애널리스트 컨센서스).
- 가정 2. 과거 사이클의 주가 정점은 2018년 영업이익이 고점을 찍기 1년 전인 2017년이었다. 같은 논리를 적용하면 이번 사이클의 주가 정점은 2021~22년으로 예상된다.
- 가정 3. 컨센서스는 2022년 영업이익률을 21.4%로 추정한다 (2020년 마진 15.5%).

- 가정 4. 사이클이 회복될 때 애널리스트는 항상 보수적이다. 2018년 당시 최고 영업이익률 24%를 이번 사이클의 피크 마진(peak margin)에 적용하면, 2022년에는 70조 원의 영업이익이 기대된다(2018년 영업이익 59조 원).

- 가정 5. 2022년 피크 사이클(peak cycle) 주당순이익 예상치 7,800원에 12~15배 PER을 적용한다. 따라서 피크 사이클 목표 주가는 다음과 같다.

주당순이익 예상치 7,800원 × 12~15배 = 9만 3,600~11만 7,000원

1990년대 한국 증시를 좌지우지했던 타이거

1990년대 한국 증시에서 타이거 매니지먼트는 존경과 공포의 대상이었다. 국내에서 타이거 관계자를 만나본 사람이 거의 없었으므로 한 마디로 베일에 가린 신비스런 존재였다. 경제신문에 타이거가 매수했다고 보도된 종목은 다음 날 상한가를 기록하기 일쑤였다.

외국인 투자자들은 1992년 주식시장 개방 후 꾸준히 순매수를 해왔고 일부 종목은 집중 매수해 한국 증시의 몸통 역할을 했다. 20여 년 전 그 중심에 타이거 매니지먼트가 있었다.

줄리언 로버트슨 회장이 1980년 뉴욕에 설립한 타이거 매니지먼트는 소로스펀드 매니지먼트와 함께 헤지펀드의 양대 산맥이었다. 소로스펀드 매니지먼트는 금리, 환율 등에 투자하는 글로벌 매크로(global macro) 전략을, 타이거 매니지먼트는 펀더멘털 분석에 입각해 저평가된 주식을 매수하고 고평가된 주식을 공매도하는 주식 롱/숏(equity long-short) 전략을 주로 구사했다.

전성기의 타이거 수익률은 경이적이었다. 〈뉴욕타임스〉 베스트셀러 《헤지펀드 열전 : 신보다 돈이 많은 헤지펀드 엘리트들》에 따르면, 타이거는 1980년 5월 설립 때부터 1998년 8월까지 각종 수수료를 제외하고 연 32%의 수익률을 기록했다.

한국 증시에서 워낙 높은 성과를 거둬 한국에 관심이 많았던 로버트슨 회장은 1997년 기업 방문을 위해 한국을 직접 찾았다. 아시아 금융위기 1년 전이었다. 한국에 투자해 엄청난 수익을 벌어다준 매크리아리 파트너는 이미 타이거를 퇴사한 상태라 다른 미국인이 한국 담당자로 있던 시절이다.

당시 타이거는 한국 손해보험사 지분을 많이 보유하고 있었다. 로버트슨 회장은 서울에서 이뤄진 손해보험사 CEO들과의 면담에서 이들이 한국이동통신, 포항제철같이 저평가된 우량기업이 아니라 부실화된 대우그룹 주식에 집중 투자한 사실을 발견하고 매우 놀랐다. 그날 면담 후 타이거는 한국 손해보험사 주식을 전량 매도했던 것으로 기억한다.

타이거는 어떻게 엄청난 수익을 올리는가

다음은 타이거가 한국에 가장 활발히 투자했던 1990년대 초중반 한국을 담당했던 매크리아리 전 파트너가 한국 투자자들을 위해 직접 작성한 스토리다. 증시 개방 후 한국에서 몸통 역할을 했던 외국인 투자자의 진솔한 얘기를 직접 듣는 드문 기회다. 세계적인 헤지펀드의 투자 전략을 알 수 있는 글이기도 하다.

한국을 처음 방문한 때가 1991년 말이었다. 당시 나는 뉴욕에 본사를 둔 타이거 매니지먼트에서 24세의 젊은 나이로 투자 담당 애널리스트로 근무하고 있었다. 한국 주식시장이 곧 개방된다는 소식을 듣고, 창업자 줄리언 로버트슨 회장을 설득해 은둔의 나라(Hermit Kingdom) 한국을 몇 주간 방문하기로 했다. 선진국 기준으로 보면 이해하기 어려울 만큼 저렴한 가격에 형성된 한국 주가를 조사하고 분석하기 위해서였다.

당시 열정적인 이남우 애널리스트를 포함해 현지 전문가 여러 명의 도움을 받아 수많은 한국 기업을 방문했고, 현금흐름 중심의 기업수익 추정 모델을 만들었다. 타이거의 투자 원칙은 '아주 단순하게 보자(Keep it simple stupid, KISS)'였다. 우리는 펀더멘털 리서치에 근거한 롱/숏 주식 전략을 구사하는 헤지펀드였다.

우리는 경영 성과를 기준으로 한국 기업을 '좋은 기업'과 '나쁜 기업'으로 나누고, 주가 평가(valuation) 기준으로 '저평가된 기업(good valuation)'과 '고평가된 기업(bad valuation)'으로 나눌 수 있다고 생각했다. 이런 4가지 조합 중에서 타이거는 항상 좋은 기업을 저평가된 수준(good companies at good valuations)에 매수(롱)하고 나쁜 기업이 고평가된 경우(bad companies at bad valuations) 공매도(숏) 하려고 했다.

1990년대 초 한국 증시의 움직임은 매우 충격적이었다. 모든 상장사가 액면가 5,000원에 주식을 발행했기 때문에, 국내 투자자들은 절대 주가 수준을 근거로 투자 판단을 했다. 그 결과 저평가된 '좋은 기업'들은 주가가 10만 원까지만 상승했고 '나쁜 기업'들은 액면가인 5,000원까지만 하락하기 일쑤였다. 주가 평가 프레임워크를 적용해보면 '좋은 기업'은 시간이 지날수록 점점 더 저평가됐고, '나쁜 기업'은 점점 더 고평가됐다. 타이거 입장에서 한국 증시는 종목만 잘 고르면 매우 높은 투자 성과를 낼 수 있는 낙원이었다.

'좋은 기업'은 이익이 매년 급증했고 유상증자도 필요 없었다. 주가가 9만 원에 정체됐지만 주당순이익이 4만 5,000원까지 상승했다면 '좋은 기업'은 PER이 겨우 2배인 셈이었다! 반면 '나쁜 기업'은 순이익 규모가 정체 내지 축소됐고 (자금 부족으로) 증자를 계속 단행해 주식 희석화가 진행되면서 주당순이익이 50원까지 하락했다. '나쁜 기업'은 주가가 4,000원까지 하락했어도 PER이 무려 80배나 되는 셈이었다!

1990년대 한국에서는 공매도(숏)가 어려워 타이거는 저평가된 한국 주식 매수에 집중했다. 1992년 한국 증시가 외국인에게 개방됐을 때 타이거는 해외 투자자 중 가장 큰 규모의 자금을 한국에 투자했다고 생각된다. 우리는 한국이동통신, 현대모비스, 안국화재 등 펀더멘털은 매우 우수하나 글로벌 스탠더드 기준으로 저평가된 기업들을 집중 매수했다.

24세의 애널리스트였던 나는 '아주 단순하게 보자'는 타이거의 투자
원칙을 한국 증시에 그대로 적용했다. 한국 증시가 외국인들에게 더
알려지고 이들의 시장 참여가 확대되면, 당시 국내 투자자들이 사용
하던 절대 주가보다 PER이나 EV/EBITDA 같은 정통 주가 평가 방
법이 많이 보급되리라 판단했다.

외국인들은 저평가된 한국 증시를 좋아했고 지속적으로 순매수한 결
과 외국인 지분율이 0%에서 40%까지 상승했다. 나는 한국 투자에서
많은 것을 배웠다.

첫째, 뛰어난 업적을 이루려면 무엇이든 혼자의 노력만으로는 쉽지
않다는 것을 배웠다. 당시 이남우 애널리스트 같은 전문가의 도움이
절대적이었다고 생각한다.

둘째, 투자 케이스를 단순화하는 능력이 필요하다. '좋은 기업'을 저
렴하게 매수하고 '나쁜 기업'은 높은 주가에서 숏하는 투자 원칙을
지키는 것이다. 여기에 해당되지 않는 기업은 신경 쓸 필요가 없다.
증시에서는 결국 펀더멘털이 통한다.

마지막으로, 어떤 시장과 마찬가지로 주식시장도 한계 구매자
(marginal buyer)가 가격을 결정한다. 주식의 수급을 살펴보고 증시
환경에 큰 변화가 있는지 관심을 갖는 것도 중요하다.

타이거는 1990년대 한국 증시에서 압축 포트폴리오를 운영하며 엄
청난 돈을 벌었다. 포항제철(현 포스코), 동국제강 등 철강사들이 현

금흐름 대비 1~2배 PER에 거래될 때 집중 매수해 많은 이익을 남긴 것으로 추정된다. 업에 대한 이해, 체계적인 펀더멘털 분석이 왜 중요한지 우리에게 시사하는 바가 크다. 타이거에 근무하던 다른 파트너가 다음과 같이 친절하게 설명해준 적도 있다.

"우리가 국민은행에 투자할 때는 은행 업무를 철저히 분석하고 샅샅이 뒤진다. 특히 주식 투자가 잘못될 경우를 대비해 리스크 요인을 완벽히 따지려 노력한다. 단언컨대 우리가 분석을 마치면 해당 은행 CEO나 사외이사보다 은행의 미래 및 리스크에 대해 더 많이 알게 된다."

리스크 높은 금융,
안정적인 필수 소비재

어느 날 갑자기 사라지는 기업들

지난 15년 동안, S&P500 지수를 구성하는 500대 기업 중 52%가 사라졌다. M&A를 통해 인수합병된 경우도 있지만 경쟁력 상실, 수익성 악화, 시가총액 급감의 악순환을 거치면서 탈락한 경우가 대부분이다. 뛰어난 신기술로 무장한 기업들이 증시 상장 후 S&P500 지수 진입을 노리고, 기존기업 중 시가총액이 작아지는 기업들은 무수히 탈락한다. 테슬라는 2020년 12월 뒤늦게 S&P500 지수에 편입됐다. 대신 기존기업 하나가 지수에서 밀려났다.

1960년에는 S&P500 지수에 편입된 기업이 평균 61년간 지수에 남았는데, 이제는 겨우 17년을 버틴다.[5] 빅데이터 분석을 전문으로 하는 미국 기업 CB인사이트(CB Insights)는 이를 다음과 같이 묘사했다. "'천천히, 그러다 어느 날 갑자기' 제품이나 서비스의 존재감

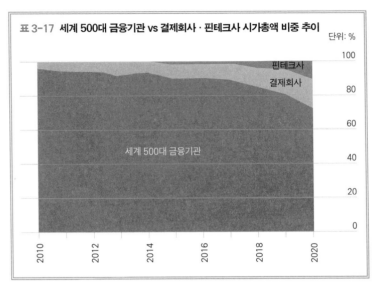

표 3-17 **세계 500대 금융기관 vs 결제회사·핀테크사 시가총액 비중 추이**

단위: %

핀테크사

결제회사

세계 500대 금융기관

출처: 〈이코노미스트〉

이 없어지고 디지털 변혁에 뒤처지면서 주가가 급락한다."

이런 변화가 급속히 진행되는 업종이 금융이다. 세계 500대 금융 기관, 핀테크사, 결제회사의 시가총액을 합한 금액에서 핀테크사의 비중이 10%, 결제회사의 비중은 20%에 달한다. 금융업은 정부 라 이선스를 무기로 진입장벽이 높은 규제산업이었다. 그러나 신용카 드사가 IT 기술을 기반으로 은행의 영역을 허물었다.

세계 최대 신용카드사인 비자의 시가총액은 520조 원으로, 세계 최대 은행인 JP모건의 420조 원을 압도한다. 2위인 마스터카드는 390조 원으로 뱅크오브아메리카 시가총액 290조 원을 추월했으며, 페이팔은 312조 원이다. 반면 씨티은행 시가총액은 140조 원에 불과하다.

이런 추세가 가속화돼 전통적인 은행들의 입지가 좁아지고 있다. 고객 데이터와 클라우드 기술을 기반으로 한국에서는 네이버와 카카오, 해외에서는 핀테크사 외에도 아마존, 페이스북 등 빅테크가 금융시장을 잠식해가고 있다.

내가 30년에 걸쳐 근무했던 9개 금융기관 중 현재는 3곳만 간판을 유지하고 있다. 미국의 JP모건, 일본의 최대 증권사 노무라, 한국의 삼성증권이다. 대우증권, 동방페레그린증권, 리캐피탈(내가 한국과 싱가포르에 설립했던 헤지펀드 운용사), 메릴린치 등은 역사 속으로 사라졌다. 당시에는 최고의 기업이었지만 모두 매각되거나 폐업했다.

특히 기억에 남는 일은 1997년 외국인 주식 비즈니스에서 1위이던 합작사 동방페레그린증권이 IMF 사태로 문을 닫은 것이다. 국내 주주인 신동방(전신은 동방유량), 외국 주주인 홍콩의 페레그린증권(Peregrine Securities) 모두 같은 해에 망했고, 당시 신동방그룹이 M&A를 시도했던 국내 유수의 백화점 미도파와 대농도 함께 망했다.

모두 돈을 빌려 과도한 레버리지 투자를 했고 리스크 관리에 실패했기 때문이다. 또한 업에 대한 깊은 이해 없이 쉽게 덤볐기 때문이다. 주식 투자도 마찬가지다.

목표 주가 정하고 5대 리스크 따져야

동학개미와 외국인 투자자의 가장 큰 차이는 리스크에 대한 태도일 것이다. 외국인 투자자들은 리스크를 철저히 분석하고, 헤지펀드는 공매도 또는 파생상품을 이용해 리스크를 회피하거나 축소할 방법을 찾는다. 투자 종목을 선정할 때 1년, 3년 후의 목표 주가를 정하고 동시에 5대 리스크를 따지는 습관을 들이면 실수를 줄일 수 있다.

미국 헤지펀드의 한 대표는 2000년대 초 한국을 방문했을 때 내게 이렇게 말했다. "우리는 투자할 때 주가 상승을 기대하지만, 잘못될 경우도 항상 염두에 둔다. 재무제표 분석 시 다른 투자자들은 손익계산서나 현금흐름표에 초점을 맞추나 우리는 대차대조표에 초점을 맞춘다." 재무구조가 튼튼한 기업은 의외의 변수가 생겨도 주가 하락폭이 작으니 대차대조표를 집중적으로 분석한다는 얘기다. 하지만 99%의 투자자와 애널리스트는 자신이 투자(분석)할 기업의 주가는 당연히 오른다고 생각해 손익계산서에 치중한다.

증시는 리스크가 적은 기업을 좋아한다. 리스크가 많은 기업은 주식 평가 시 페널티를 받는다. 100년이 넘는 역사의 JP모건 같은 선진국 은행은 신한지주 같은 한국 금융지주사보다 높은 프리미엄에 주식이 거래된다. 또한 LG생활건강 같은 필수 소비재 기업은 현대차 같은 자동차 회사보다 높은 PER에 거래된다.

경기에 덜 민감한 필수 소비재, 헬스케어/제약, 통신미디어 기업들은 대체로 리스크가 적다. 반면 경기 관련 소비재, 기계, 항공, 철강, 유화, 정유, IT, 금융 등은 경기의 영향을 많이 받아 이익의 변동성이 심하다. 다음의 5가지 리스크 관리 원칙을 기억하자.

- 아무리 안전한 주식도 리스크는 있다.
- 오래 알던 애널리스트나 영업직원이 추천한 종목이라도 펀더멘털을 직접 확인한다.
- 주가의 상승 요인과 하락 요인을 비교하는 습관을 갖는다.
- 항상 '내가 생각하지 못한 변수가 있지 않을까?' 의심한다.
- 거버넌스, 경영 전략, 회계 투명성, 수익 전망, 산업 사이클 등 리스크 사항을 계속 체크한다.

보유 종목과 사랑에 빠지지 마라

증권사 브로커나 애널리스트가 아무리 '확실한' 주식이라고 해도 리스크는 있는 법이다. 애플은 나스닥 시장에서 하루 10조 원 이상의 주식이 거래된다. 애플같이 주주친화적이고 프리미엄 제품을 만드는 우량기업도 기존 주주들이 매일 1억 주 이상을 매도한다는 얘기다. 투자자마다 애플의 상승 요인과 하락 리스크를 다르게 생각하기 때문이다. 그래서 시장은 어렵지만 재미있는 것이다.

관심 종목을 리서치할 때 주가가 상승할 3가지 요인과 하락할 5가지 리스크를 비교하는 습관이 중요하다. 해외 투자업계에서는 '무엇이 잘못될까?(What could go wrong?)' 하고 항상 걱정하는 습관을 들이라고 충고한다. 리스크는 거버넌스, 경영진, 오너 패밀리 이슈 등 질적인 이슈가 될 수도 있고 산업 사이클, 기업이익 등 정량적 요소가 될 수도 있다. 지인이 영국 자산운용사 런던 본사에 처음 출근했을 때, 상사의 첫 마디가 "보유 종목이 좋더라도 절대 사랑에 빠지지 마라(Don't fall in love with your company)"였다고 한다. 인간은 그다지 이성적이지 않다. 투자를 판단할 때는 합리적이어야 하는데 본인이 얻을 수 있는 정보 중심으로, 믿고 싶은 사실 중심으로 판단하는 경향이 있다. 고도의 훈련을 받은 선진 운용사 펀드매니저도 심리적 유혹을 받는다. 하물며 개인 투자자는 바이오 분야처럼 이익이 엄청난 것이라면 성공 확률이 낮아도 투자하려 든다.

주가가 고점에서 90% 하락한 신라젠같이 역사가 짧고 거버넌스가 문제 있는 기업은 시장의 신뢰를 잃기 시작하면 최악의 경우 투자 원본을 전부 잃을 수 있다는 걱정을 해야 한다. 그러나 인간은 현명하지 않다. 처음 투자해서 적더라도 이익을 보면 재투자 욕구가 생기게 마련이다. 같은 종목이나 유사한 기업에 반복 투자하면서 펀더멘털에 대한 이해도가 높아지는 게 아니라 손실 확률을 과소평가하게 된다. 역설적이지만 반복 투자자들이 나중에는 더 큰 피해자가 될 수 있다.[6]

플랫폼 기업의 주가는 버블일까?

플랫폼 기업의 주가가 많이 상승해 우려의 목소리가 크다. 그러나 FAAANM(Facebook, Apple, Amazon, Alphabet, Netflix, Microsoft)의 이익은 2008년 이후 6배 이상 증가했다. 빅테크는 여전히 전망이 밝고, 저금리 상황에서 주식과 채권의 가치를 비교하면 플랫폼 기업의 주가는 버블이 아니라고 생각된다. 연 15~20% 이상 계속 성장한다면, 빅테크의 PER 같은 주가 수준은 문제가 없다. 현재의 폭발적인 수익성 자체가 산업 역사상 비정상적이라 할 수 있다.

최근 세계 경제의 2가지 특징은 산업 집중화와 IT 분야에서 미국과 중국의 디커플링 추세다. OECD 리서치에 의하면, 2000~2014년 전 산업에 걸쳐 상위 8대 기업의 시장점유율이 미국에서는 28%에서 36%로 상승했고, 유럽에서도 33%에서 37%로 높아졌다.

이런 현상은 지난 5년 동안에도 심화됐을 것이다. 몇 개 기업의 독주 현상이 눈에 띄고, 여기에는 빅테크 이름이 자주 등장한다. 플랫폼 기업의 독과점 현상이 심화되면서 경쟁이 감소했고 상위 포식자들의 마크업(이익)이 늘었다. 미국 법무부가 제소한 내용처럼, 빅테크는 막대한 시가총액을 무기로 유망한 기업이나 잠재적 경쟁자들에게 현금이 아닌 자사 주식을 발행해 인수비용으로 지급한다.

페이스북의 우수한 비즈니스 모델
—

세계화, 기술 발전, 네트워크 효과를 백분 활용해 고수익을 내는 대표적 사례가 페이스북이다. 3~4년 전만 해도 페이스북의 영업이익률은 50%에 달했다. 미국과 유럽이 이용자 데이터 보호 조치를 강화하고 과징금을 부과하는 등 독점적 지위를 견제하자 그에 따른 비용이 크게 발생하고 설비 투자와 R&D 비용이 급증해 2019년과 2020년에는 영업이익률이 34% 수준으로 떨어졌다. 그러나 수익성은 여전히 독보적이다.

페이스북의 높은 영업이익률은 비즈니스 모델의 우월성을 증명한다. 페이스북은 비즈니스 모델상 원재료 비용이 거의 들지 않는다. 27억 명의 이용자가 페이스북, 인스타그램, 메신저, 왓츠앱에서 친구 사진에 '좋아요'를 누르거나 글을 올릴 때마다 페이스북은 이용자의 개인정보를 수집하고, 이를 바탕으로 광고주로 하여금 효과적인 광고를 할 수 있게 해준다. 우리가 제공하는 각종 데이터가 페이스북 입장에서는 원재료가 되는 셈이다.

페이스북의 2020년 반기 실적을 보면, 원재료비가 포함된 매출 원가(73억 달러)가 R&D 비용(85억 달러)보다 작다. 매출 원가에는 소프트웨어 엔지니어 인건비뿐 아니라 각종 비용이 모두 포함되는데도 매출에서 차지하는 비중이 20%밖에 되지 않는다.

주요 기업별 5대 리스크

1세대 IT기업은 키맨 리스크 주의해야

미국의 상장기업은 감독당국에 유가증권 연차 보고서인 〈10-K〉를 의무적으로 제출하게 돼 있다. 한국도 금융감독원이 운영하는 전자 공시시스템 DART(http://dart.fss.or.kr)를 방문하면 상장사의 재무제표, 공시 등 다양한 정보를 접할 수 있다.

　미국 상장사 IR 홈페이지를 방문해(가령 구글에서 'Apple IR'를 검색하면 된다) 〈10-K〉 파일을 보면 앞부분에 기업 리스크 요인(risk factors)이 상세히 정리돼 있다. 투자자에게 매우 유용한 정보보다. 〈10-K〉에서 리스크 요인 페이지를 읽다 보면, 성공한 1세대 IT기업에서는 키맨 리스크가 강조되는 것을 알 수 있다. 아마존, 페이스북, 테슬라 등 창업자나 최대 주주가 CEO 역할을 하면서 기업 전략, M&A, 핵심 인력 채용 등 경영에 깊숙이 관여하는 경우에 특히 그렇다.

애플, 마이크로소프트, 알파벳같이 전문경영인 체제로 넘어간 빅테크에도 키맨 리스크는 존재한다. 특히 애플의 팀 쿡처럼 주주들이 좋아하는 CEO라면 리스크가 가중된다. 테슬라는 CEO 의존도가 너무 높아 일론 머스크의 신상에 문제가 생기면 기업의 존립 자체가 위태로울 수도 있어 보인다. 애플은 스티브 잡스 생존 당시 키맨 리스크가 컸으나 이미 일상적인 관리업무는 2인자인 쿡에게 넘어간 상황이었다. 잡스 사망 후 쿡은 시장의 우려와는 반대로 애플로 하여금 르네상스를 맞게 하는 경영 수완을 발휘했다.

테슬라를 비롯해 미국과 한국의 대표기업들의 5가지 리스크를 정리해봤다. 이는 (순서를 포함해) 내 생각이므로 여러분이 보는 리스크는 당연히 다를 것이다.

테슬라의 5대 리스크

- 과도한 개인 투자자 비중과 높은 PER에 따른 주가 변동성 심화
- 일론 머스크의 키맨 리스크
- 전 세계적으로 전기차 충전 시설 확대 · 배터리 성능 개선 · 가격 하락의 지연
- 소프트웨어가 자율주행 등 장기 성장 모멘텀 창출 실패

- VW, 현대차, 다임러, GM 등 내연기관 업체의 전기차 시장 진입으로 경쟁 심화

과도한 개인 투자자 비중과 높은 주가 변동성

테슬라 지분의 1% 이상을 한국 투자자들이 보유한 것으로 알려졌다. 미국의 개인 투자자 '로빈후드'도 60만 명 이상이 테슬라 주주라고 말한다. 세계 자동차 시장의 대세는 전기차이고, 테슬라는 현재 압도적인 리더십을 갖고 있다. 얼마 전까지만 해도 월가가 테슬라의 소프트웨어 개발 능력, 시스템 운영 노하우, 배터리 기술을 과소평가해온 것도 사실이다.

테슬라는 본격적인 커넥티드 카의 시작인 자동차 무선 업데이트, OTA(over-the-air) 기능을 통해 주행 거리 · 배터리 · 자율주행 성능 관리 등 업데이트 서비스를 원격으로 해준다. 테슬라 차주가 기계가 아닌 컴퓨터를 다룬다는 느낌을 받는 이유가 OTA 때문이 아닐까. 테슬라의 숨은 가치는, 소프트웨어를 이용해 장기적인 성장 동력을 만들고 하드웨어와 소프트웨어를 결합한 플랫폼 모델 구축에 있다.

이러한 테슬라의 현재 주가에는 10년 또는 그 이후의 전기차 시장과 테슬라의 지배적인 위상이 이미 반영돼 있다. 2021년 수익 추정 기준 PER이 약 160배이므로 큰 의미가 없고, 2022년 기준으로도 PER은 약 120배다.

머스크는 "2027년 세계 전기차 연간 생산량이 3,000만 대에 이를 전망이고, 2030년에 테슬라는 연간 2,000만 대의 전기차를 생산하겠다"는 포부를 밝혔다. 너무 성급한 전망이 아닌가 싶다. 전기차 보급 확산에 속도가 붙는 것은 2025년 이후가 될 것 같다. 2020년 300만 대가 조금 못 팔렸으니 전기차는 전체 자동차 수요의 3%를 차지했다.

테슬라의 주가에는 1~2년 후가 아니라 더 먼 미래의 가정들이 중요하고, 테슬라의 적정 주가는 솔직히 아무도 모른다. 심지어 월가의 리딩 투자은행인 JP모건과 골드만삭스 리서치의 목표 주가가 약 9배나 차이 난다. 골드만삭스의 자동차 애널리스트는 2020년 12월 테슬라를 뒤늦게 '매수' 추천하고 목표 주가도 455달러에서 780달러로 상향 조정했다. 반면 JP모건은 최근 발간한 보고서에서 "테슬라의 주가는 모든 전통적 지표의 잣대로 평가했을 때 과대평가됐다"며 향후 12개월의 목표 주가로 90달러를 제시했다.

일론 머스크

머스크의 키맨 리스크와 관련해 테슬라는 〈10-K〉에 다음과 같이 표현하고 있다. "당사는 최대 주주이자 CEO인 일론 머스크의 역할이 매우 중요하다. 머스크는 대부분의 시간을 경영에 할애하고 있지만, 자신의 시간과 관심의 100%를 테슬라에 쏟는 것은 아니다. 우주개발 업체 스페이스X의 CEO/CTO도 겸하고 있으며 다른 첨단 벤처기업 경영에도 관여하고 있다."[7]

머스크는 천재 경영자다. 그는 현실에 안주하지 않고 끊임없이 새로운 영역에 도전한다. 당장은 아니겠지만 주주들이 걱정해야 할 시나리오는 테슬라가 일정 궤도에 진입하면 머스크가 테슬라 지분을 매각하고 스페이스X 사업에 전념하는 것이다.

스페이스X는 우주에 발사한 로켓을 회수하고 재활용할 수 있는 유일한 민간기업으로, 우주 화물 수송과 통신망 구축 등의 사업을 준비 중이다. 머스크는 예전부터 화성에 이주한다는 꿈을 가지고 있었다. "눈을 들어 하늘을 보라"며, 타계한 천재 물리학자 스티븐 호킹과 비슷한 말을 하기도 했다.

머스크는 늘 다음 무언가를 찾는다. 그는 기업을 성공시키고 제3자에게 지분을 매각해 그 돈을 다음 프로젝트에 투자한다. 2020년 테슬라 주가가 급등해 머스크 재산의 약 75%가 테슬라 주식이다. 블룸버그에 의하면, 머스크의 재산 중 스페이스 X 지분 비중이 약 19%다.

머스크와 테슬라는 같은 배를 탄 것처럼 경제적 이익을 너무 많이 공유하고 있기 때문에 머스크는 배에서 내리지 않을 수 있다. 또한 머스크가 몇 년 전 받은 스톡옵션 패키지의 경제적 가치가 매우 크고, 조기 퇴사하면 이를 받지 못한다는 조항이 있기 때문에 일찍 하선하지 않을 수도 있다.

전기차 충전 시설, 배터리 성능, 배터리 가격

월가의 전문가들은 2030년 세계 자동차 시장에서 전기차가 차지하게 될 비중을 20~30%로 전망한다. 모건스탠리는 그 비중이 31%에 달할 것이라고 공격적인 전망을 내놨다.[8] 10년 후 얘기이니 변수가 많은데, 이는 테슬라의 의지와는 상관없는 외부 변수들이다.

최근 영국 정부는 2030년부터 휘발유와 경유로 움직이는 신차 판매를 금지하는 계획을 세웠다. 이는 전기차 보급에 호재다. 하지만 전기차 충전 시설 확대, 배터리 성능 개선 및 단가 하락 등 혁신적인 변화가 없다면 전기차 보급 속도는 더딜 수밖에 없다. 일개 기업의 의지만으로는 해결할 수 없는 변수들이다.

한국은 정부의 독려로 이미 13만 대에 달하는 전기차와 수소차가 보급됐지만 충전 시설이 턱없이 부족하다. 실제로 전기차 운전자들이 충전소를 찾아 헤매고, 5시간 이상 걸리는 완속 충전기에서 시간을 낭비하는 모습이 목격된다. 모델 S는 테슬라 전용 슈퍼차저에서 1시간이면 370~470km 충전이 무료로 가능하다.

한국의 전기차 충전소는 3만 3,000개에 그친다. 미국의 1.4%, 중국의 0.7%, 일본의 10.5%에 불과한 수준이다. 문재인 정부가 그린 뉴딜이라는 명분 아래 2025년까지 전기차 113만 대, 수소차 20만 대를 보급하겠다고 발표했지만 인프라 구축 계획이 궁금하다.[9] 충전이 쉽지 않으면 전기차 보급은 벽에 부딪힐 것이다. 미국은 대부분 단독주택에 거주해 차고에 개인 충전기 설치가 용이하다. 그런

그림 3-5 **급증하는 전기차 비중(모건스탠리 예측)**

13.2%
31.0%

2025년　　　　　　　2030년

* 순수 전기차 기준
출처: 한국경제신문

미국도 전기차 충전 인프라 구축 문제로 논란이 있다. 국민 대부분이 아파트에 사는 한국, 일본, 중국 대도시의 충전 문제를 정부는 어떻게 해결할 것인가.

내연기관 업체의 전기차 시장 진입

VW, 다임러, 벤츠, 현대차, GM, 토요타 등 내연기관 생산 경험이 많은 자동차 회사가 2021년부터 많은 전기차 모델을 출시하면서 경쟁이 심화될 것이다. 전통적인 자동차 회사들이 가격경쟁력 있는 전기차를 대량생산하는 데 성공할 가능성도 있다.

애플의 5대 리스크

- 성장성 대비 높은 주가(2021년 PER 33배) 때문에 주가 모멘텀 약화

- 미국 신행정부 출범으로 규제 리스크 증가 : 앱스토어 수수료 관련 '불공정 거래' 압력
- 미중관계 악화로 중국 매출이 타격받을 수 있음
- 시가총액이 너무 커져서 기존 수준의 주주환원정책으로는 주주가 만족하지 못할 것
- 부품 공급망을 중국에서 베트남 등으로 다변화하는 과정에서 문제 발생 가능성

낮은 이익 성장 모멘텀

향후 2~3년간 애플의 주당순이익 성장률은 10~15%일 듯한데, 2020년에는 주가가 너무 상승해 이미 PER이 30배 이상이라 부담이 간다. 자율주행을 목표로 하는 애플카 출범 등 신사업 모멘텀이 가시화되지 않으면 빅테크 중 주가 상승 여력이 낮은 편이다.

쿡은 애플이 하드웨어와 소프트웨어, 서비스를 결합하는 능력이 탁월하다고 자랑한다. 혁신과 관련해서는 웨어러블 기기를 이용한 건강관리 부문의 성장 가능성을 강조한다. 한국은 정부 규제로 시장이 확대되기 어렵지만 외국은 헬스케어 시장의 잠재력이 크다. 2020년 전 세계 스마트폰 시장은 역성장했지만 스마트워치, 무선 이어폰 등 웨어러블 기기 시장은 대폭 확대됐다. 애플워치에 헬스케어 기능을 강화해 새로운 성장 모멘텀을 만들고자 하는 것이다. 헬스케어에서 애플의 특허 신청이 증가한 점이 눈에 띈다.

미중관계 악화로 중국 매출 하락

불과 2년 전인 2019년 초만 해도 애플은 월가에서 투자자들이 가장 피하는 블루칩이었다. 당시 애플 주가는 40달러까지 급락했다. 미중관계가 삐걱대면서 아이폰의 중국 매출이 타격을 입었고, 그 결과 분기 매출이 예상을 하회해 시장이 애플의 장기성장성에 대해 반신반의하던 시점이었다. 미중관계에 따라 향후 중국 매출은 또다시 타격을 입을 수 있다.

주주 만족 제한적

쿡은 잡스나 아마존의 베이조스에 비해 지명도가 높지 않지만, CEO 자리를 물려받은 2011년 8월부터 현재까지 애플 주가는 700% 이상 올랐다. 쿡은 관리 능력이 뛰어나고 주주가치를 잘 이해해 이미 8~9년 전에 주주환원 프로그램을 만들었다. 최대 주주인 버핏과의 소통도 원활했으며, 행동주의자 아이컨과 아인혼이 애플의 과다한 현금 보유와 소극적인 배당 정책 등을 비난했을 때 이들과의 대화를 통해 문제를 해결하는 능력을 보여줬다.

애플 시가총액이 수백조 원일 때는 자사주 매입소각과 배당이라는 당근으로 주주를 충분히 만족시킬 수 있었다. 하지만 이제 시가총액이 너무 커져서 기존의 주주환원정책으로는 주가에 미치는 긍정적 효과가 제한적일 것이다.

아마존의 5대 리스크

- 미국, EU 등이 시장지배적 사업자에 대한 규제를 강화하는 추세
- 투자 확대에 따른 마진 압박(2021/2022년 설비 투자 276억 달러/280억 달러 예상)
- 높은 주가(2021년 수익 추정 기준 PER 약 67배)에 따른 주가 변동성 심화
- AWS가 주도하는 클라우드에서 마이크로소프트, 구글과의 경쟁 심화
- 제프 베이조스의 키맨 리스크

규제 강화 추세

클라우드와 전자상거래에서 압도적 우위를 점하고 있는 아마존은 방대한 고객 데이터, AI, 머신러닝을 활용하는 능력이 탁월하다. 아마존의 비지니스 모델은 낮은 가격의 제품과 서비스를 소비자와 기업에게 판매 · 제공하는 것이다.

미국 바이든 신정부 출범에 따라 독점 행위에 대한 규제는 강화되겠지만 아마존의 규제 리스크는 구글이나 페이스북 같은 다른 빅테크보다는 낮은 편이다. 미국 의회나 행정부도 아마존이 소비자들의 선택의 폭을 넓히고 물가 안정에 기여했다는 데 대체로 공감한다.

주가 변동성 심화

아마존은 PER이 높지만 클라우드, 전자상거래, 광고 등 전 사업부가 성장 국면의 초기 단계여서 향후 5~10년간 빅테크 중 가장 높은 성장이 예상된다. 주가가 높아 보이지만 실제 리스크는 빅테크 중 가장 낮다. 다만 고성장세를 유지하기 위한 설비 및 R&D 투자 부담이 빅테크 중 가장 커서 단기 수익성에는 부담 요인이다.

마이크로소프트, 구글과의 경쟁 심화

AWS는 아마존 기업가치의 절반 이상을 차지한다. 손익 기여도가 가장 크고, 영업이익률이 무려 30%에 달한다. AWS가 33%의 점유율로 압도적인 1위를 달리는 클라우드 시장은 매년 15~20% 성장 중이다. 클라우드는 사진, 문서 파일 같은 자료와 정보를 내 컴퓨터가 아니라 인터넷으로 연결된 서버(대형 컴퓨터)에 저장하고 활용하는 시스템이다.[10]

초창기 일반 소비자를 대상으로 전자상거래 사업을 펼치는 가운데 본사 사업을 지원하는 컴퓨터 및 IT 지원 부문이었던 AWS는 독자적인 사업에 나서기 시작했다. 창업하는 기업이 AWS를 이용하면, 자체 하드웨어나 설비 없이 인터넷을 경유해 AI와 사물인터넷을 포함한 다양한 IT 서비스를 받을 수 있다.[11]

월가는 아마존이 AWS의 고속 성장에 힘입어 향후 5년간 순이익이 연 30~40% 증가할 것으로 예상한다. 그러나 마이크로소프트와 구글이 엄청난 투자를 통해 AWS의 높은 시장점유율은 빼앗고자 전사적인 노력을 기울이고 있어 클라우드 시장에서 3사 간 경쟁은 심화될 것 같다.

AWS를 비롯해 아마존은 모든 핵심 의사결정에서 창업자 베이조스에게 아직도 과도하게 의존한다. 신규사업에 진출할 때마다 베이조스의 의사결정이 중요하므로 키맨 리스크는 높아 보인다.

페이스북의 5대 리스크

- 새로운 미 행정부 출범으로 규제 리스크 증가
- 현금흐름 양호하지만 설비 투자(데이터센터, 네트워크 인프라 등 기술 기반 투자에 2021년 214억 달러, 2022년 240억 달러 예상) 및 R&D 비용 급증
- 인스타그램 쇼핑몰 등 수익 다각화 전략의 성공 여부
- 경기 및 외부 환경의 영향을 많이 받는 광고 수입 의존형 비즈니스 모델
- 주요 의사결정을 저커버그에 과도하게 의존하는 키맨 리스크

새로운 미 행정부 출범으로 규제 리스크 증가

2020년 12월 미국 연방정부와 46개 주정부가 경쟁 방해 행위로 페

이스북을 제소했다. 페이스북이 독점적 지위를 유지하기 위해 인수했던 인스타그램과 왓츠앱을 현재의 거대 플랫폼에서 분리시켜, 페이스북을 여러 작은 기업으로 쪼개겠다는 것이다.

최근 중소·중견 사업자 고객의 페이스북 의존도가 심화돼 아이러니하게도 페이스북은 독과점 논란에서 불리할 수 있다. 페이스북에 대한 정부의 소송은 전례를 찾기 힘들 만큼 수위가 높은데, 과연 바이든 행정부가 '기업 분할'을 요구할지가 관전 포인트다.

플랫폼 사업자들의 독점력을 견제하고자 하는 정부 규제의 리스크가 있지만, 페이스북은 빅테크 중 아마존과 함께 중장기적으로 주가 상승 여력이 가장 높다. 전 세계 18억 명의 가입자가 매일 페이스북 플랫폼을 방문한다. 최근에는 페이스북숍-왓츠앱, 인스타그램 DM-메신저 간 서비스를 연동하는 등 패밀리 앱 생태계를 강화하는 전략을 구사 중이다. 이처럼 거대한 플랫폼을 바탕으로 페이스북은 35%의 영업이익률을 창출하고 있다.

다만 거대 플랫폼을 유지하고 진입장벽을 계속 높이기 위해 (아마존과 마찬가지로) 설비 및 R&D 투자 부담이 급증해 과거처럼 40%를 상회하는 영업이익률을 달성하기는 어려워 보인다.

2020년 3분기에 일부 광고주의 보이콧 사태가 있었지만 광고 매출은 매우 견고했고, 이는 다변화된 광고주 기반 비즈니스와 페이스북 플랫폼의 우월성을 입증했다. 코로나19 사태를 계기로 모든 비즈니스의 디지털화가 가속화되고 있는데, 페이스북이 대표적인 수혜주다. 향후 5년간 연 15~18%의 이익 성장은 무난해 보인다. 2021년 수익 추정 기준 PER이 23~24배이니 장기성장성에 비해 저평가됐다고 보인다.

알파벳 · 구글의 5대 리스크

- 핵심사업인 검색 광고 성장성 둔화
- 규제 리스크 증가
- 비핵심 사업에 과도한 투자 및 투명성 결여
- 경기 및 외부 환경의 영향을 많이 받는 광고 수입 의존형 비즈니스 모델
- 거버넌스 : 경영에 더 이상 참여하지 않는 창업자 2명이 전체 주식의 13%, 의결권의 51%를 차지하는 차등의결권 제도

성장성 둔화

전 세계 지식인들이 열독하는 〈이코노미스트〉 2020년 8월 1일자에는 '구글-중년의 위기에 어떻게 대응할 것인가(Google-How to Cope with Middle Age)'라는 기사가 실렸다. 구글은 여전히 소프트웨어 엔지니어들이 선망하는 세계 최고의 IT기업이지만 성장이 둔화되고 조직이 피로감을 느끼는 징후가 여기저기서 나타난다는 것

이 기사의 요지였다.

금년 22세인 구글의 지주회사 알파벳의 주가상승률은 최근 5년 간 연 18%, 10년간 연 19%였다. 다른 기업들이 부러워할 만한 성적표지만, 빅테크 모두 고성장하고 있기 때문에 빅테크 중에서는 5위다. 시장이 성장성을 의심하는 것은 인력, 데이터, 브랜드 등 구글이 가진 엄청난 무형자산을 생각할 때 쉽게 이해가 가지 않는다. 12만 명의 구글 직원은 실리콘밸리 최고의 엘리트들이다. 미국 동부와 서부 명문대의 컴퓨터 사이언스 · 수학 · 통계학 전공자들이 가장 일하고 싶어 하는 직장은 여전히 구글이다. 대우도 업계 최고 수준이다.

구글 검색, 구글 맵, 유튜브, 지메일 등의 플랫폼을 통해 엄청난 고객 데이터를 보유한 구글의 브랜드 가치는, 세계적인 브랜드 컨설팅 전문업체인 인터브랜드(Interbrand)에 의하면 애플, 아마존, 마이크로소프트에 이어 세계 4위다.

코로나19의 영향도 있었지만 알파벳의 2020년 2분기 매출은 사상 최초로 전년 대비 감소했다(하반기에 회복). 구글의 핵심사업은 전 세계 시장점유율 90%인 검색 광고인데 성장이 더디다. 신사업인 클라우드는 고성장 중이지만 아직은 전사 기여도가 떨어진다. 자율주행 사업 웨이모를 포함해 알파벳 산하에는 다양한 비핵심 사업들이 존재하는데 고급 인력을 고용하고 매년 거대한 자금이 투입되지만 기업가치에 대한 기여도는 미약한 실정이다. 투명성도 문제다.

표 3-18 FAMAG 장기 주가상승률(연평균)

	아마존	페이스북 (2012년 상장 이후)	알파벳/구글	마이크로소프트	애플
5년	41%	23%	18%	32%	41%
10년	34%	31%	19%	23%	26%

이들 자회사에 대한 실적도 초장기 프로젝트라는 이유로 외부 주주들에게 공개되고 있지 않아서 주가 디스카운트 요인이 된다.

정규직보다 많은 파트타임 직원을 포함하면 직원이 25만 명을 넘는 구글은 IT 공룡으로 비대해졌다. 2019년에 승진한 CEO 순다르 피차이의 리더십을 지적하는 전문가들도 있다. 아마존의 베이조스나 마이크로소프트의 나델라에 비해 혁신을 중시하는 기업문화를 이끌어내지 못하고 과감한 의사결정도 부족하다는 지적이다.

규제 리스크 증가

미국 법무부는 2020년 10월 구글의 지주사인 알파벳을 반독점 위반 혐의로 제소했다. 법무부는 소장에서 "구글이 애플 같은 스마트폰 제조사와 통신사에 수십억 달러를 제공하면서 자사 앱을 스마트폰에 사전 장착하도록 해 경쟁사들의 시장 진입을 막았다"고 주장했다. 구글이 운영체제인 안드로이드를 통해 전 세계 검색시장의 90% 이상을 장악하고 이를 무기로 온라인 광고시장을 주무르고 있다고 판단한 것이다. 2020년 10월 미국 정부가 명시적으로 '기업

분할'을 거론하지는 않았지만 바이든 행정부가 구글에 대한 압박 수위를 높일 가능성은 있다.

구글과 페이스북 등 빅테크의 영향력이 정부의 통제 범위를 넘어설 만큼 커져서 이들에 대한 각국 정부의 반격이 시작된 것이다. 유럽연합(EU) 또한 2018년 구글에 시장지배력 남용 혐의로 6조 원대의 과징금을 부과했고 프랑스, 이탈리아, 영국 등을 중심으로 연간 매출의 최고 6%에 이르는 '디지털세(일명 구글세)'를 징수하겠다고 으름장을 놓고 있다. 디지털세 논의는 미국의 글로벌 IT기업들이 정작 사업을 하는 해당 국가에서는 과세 의무를 다하지 않는다는 유럽연합의 문제의식에서 시작됐다.

거버넌스

미국 기업이라고 모두 거버넌스가 좋은 것은 아니다. 테슬라 주주들은 머스크의 돌발 행동에 주가가 하루 사이 10% 이상 급락하는 경험을 1년에 한두 번씩 했다.

점점 더 많은 실리콘밸리 IT기업들이 차등의결권 제도를 도입 중이다. 빅테크 중에서는 알파벳과 페이스북이 창업자와 패밀리, 특수관계인에게 1주당 10배 높은 의결권을 부여하는 차등의결권제를 채택하고 있다. 저커버그는 페이스북 의결권의 60%를 갖고 있다. 2017년 미국에 상장된 스냅(Snap Inc.) 보통주는 아예 의결권이 없다.

알파벳도 공동창업자 래리 페이지(Larry Page), 세르게이 브린

(Sergey Brin)이 전체 상장 주식의 13%를 갖고 있지만 의결권은 무려 51%나 차지하고 있다. 이들이 경영에 참여해 기업가치를 높일 때는 거버넌스 문제가 표면에 드러나지 않았지만, 지금은 경영에서 손을 뗀 상태여서 소수 주주의 권리가 침해받고 있다.

구글은 세 종류의 주식이 있고 그중 2가지가 상장돼 있다. A형인 GOOGL은 1주당 1의결권을 부여하고, B형은 거래가 되지 않고 창업자와 특수관계인들만 소유하고 있으며, C형인 GOOG는 의결권이 없다.

GOOGL과 GOOG는 주가가 거의 같이 움직이며 오히려 후자의 주가가 높은 경우가 많다. 자사주 매입이 후자에 집중되기 때문이다. 알파벳의 문제는 주주들이 성과가 부진한 경영진을 교체하고 싶어도 공동창업자 2명이 반대하면 소수 주주들이 아무 목소리도 낼 수 없다는 점이다.

삼성전자의 5대 리스크

- 예측이 매우 어려운 반도체 시황
- 주가 평가 시 디스카운트 요인인 하드웨어 중심의 자본집약적 비즈니스 모델
- 스마트폰 시장의 경쟁 심화

- TSMC 등 파운드리(반도체 수탁생산)와 엔비디아, AMD 등 팹리스(반도체 설계 전문기업) 급성장
- 주주환원정책 확대 여부

예측이 매우 어려운 반도체 시황

베일리 기포드는 세계 최대의 반도체 회사인 삼성전자나 인텔 대신 이들에게 장비를 공급하는 '슈퍼 을' ASML에 투자해 뛰어난 성과를 거뒀다. 삼성전자 이재용 부회장이 2020년 10월 네덜란드의 ASML 본사를 방문해 국내에도 많이 알려진 업체다.

ASML은 1988년 필립스에서 분사했으며 메모리 반도체 공정에 중요한 극자외선(EUV) 노광 장비 제조에 독보적 기술을 보유하고 있다. 장비 1대당 2,000억 원이 넘는다.

반도체는 라인당 수조 원이 투자되는 장치산업이다. 베일리 기포드는 삼성전자의 실력을 높이 평가했겠지만, 예측이 어려운 반도체 시황에 승부를 걸기보다는 매년 30조 원 이상을 투자하는 삼성전자에 반도체 장비를 공급하는 업체를 선택한 것이다. ASML 주가는 지난 5년간 연평균 36%, 10년간 연 평균 26% 상승했다.

참고로, 삼성전자 주식을 살 수 있다면 군이 SK하이닉스에 투자할 필요가 없다. 삼성전자는 SK하이닉스의 주사업인 메모리 반도체에서 세계 1위다. 2020년 10월 인텔의 낸드 부문 인수를 발표했던 SK하이닉스 이석희 사장의 발언, "후발주자로서 단기간에 개선

이 쉽지 않았던 규모의 한계를 없애기 위해······"는 삼성전자의 벽을 넘기 어렵다는 점을 의미한다.

삼성전자는 장기간에 걸친 경영 성과, 경영진의 능력, 기술력, 브랜드 가치, 다각화된 포트폴리오, 재무구조 등 모든 면에서 SK하이닉스를 압도한다.

TSMC, AMD의 급성장

대만의 TSMC는 애플이나 퀄컴, 엔비디아 같은 고객사의 주문에 맞춰 반도체를 설계대로 정밀 생산하는 파운드리 부문 세계 1위 기업이다. 메모리 부문 1등인 삼성전자가 욕심을 내 파운드리 시장에서도 1등을 목표로 해 화제다.

TSMC의 2020년 순이익은 약 20조 원으로 삼성전자보다는 규모가 작다. 그러나 시가총액은 542조 원으로 인텔 시가총액을 훌쩍 뛰어넘었고 삼성전자 시가총액과 비슷하다. TSMC의 사업은 5G, AI, 고성능 컴퓨팅 관련 반도체의 구조적 성장에 레버리지가 돼 있다.

투자자들이 TSMC를 좋아하는 근본적인 이유는, 모리스 창(Morris Chang) 전 회장이 창업 때부터 주주 중심의 경영을 해왔기 때문이다. 대만은 주주가 기업의 주인이라는 문화가 일찌감치 자리 잡았다. 대만 기업들은 순이익 중 투자하고 남은 돈은 배당으로 나눠준다는 원칙을 대부분 지킨다. TSMC도 반도체 경기가 극히 나쁜 해가 아니면 ROE가 20%를 상회하고 배당도 넉넉히 주는 편이다. 기술력이 좋을 뿐 아니라 주주 중심의 경영이 이뤄지고 있는 것이다. TSMC 같은 반도체 수탁생산 기업, 엔비디아와 AMD 같은 반도체 설계 전문기업(팹리스)이 급성장하고 있다. 이들은 삼성전자의 잠재적인 리스크 요인이다.

2021년 초에 발표할 것으로 기대되는 삼성전자의 새로운 주주환원정책이 향후 주가가치 수준을 결정할 것으로 보인다. 2017년 10월에 발표한 주주환원정책 계획은 엘리엇 매니지먼트의 압박도 있었고 국내 대기업 중 새로운 시도였기에 시장의 신뢰를 받는 데 시간이 걸렸다. 2차 주주환원정책을 발표해 이를 잘 지키면 최근 레벨 업된 삼성전자 PER이 어느 정도 유지될 수 있을 것이다.

현대차의 5대 리스크

- 주가 급등에 따른 PER 부담 : 전기차의 성장성은 높지만 여전히 경기민감주임
- M&A의 선택과 집중 필요
- 전기차 · 자율주행의 핵심인 소프트웨어 능력 미흡
- 중국에서 적자가 심화돼 구조조정 필요
- 환율 리스크 : 원화 강세는 수익성에 악재

주가 급등에 따른 PER 부담

전기차 성장 가능성을 감안해도 현대차 같은 전통 내연기관 업체는 아직은 경기민감주로 평가하는 것이 맞다. 현대차의 주가는 2020 년에 급등해, PER이나 현금흐름 기준으로 유럽 · 일본의 완성차 업 체 수준 또는 그 이상으로 거래되고 있다. 제네시스 등 제품 업그레 이드와 차량 평균 판매단가 상승에 따른 수익성 개선 효과는 주가 에 이미 반영된 듯하다.

해외 매출 비중이 높은 현대차의 사업구조상 원화 강세는 실적 에 악영향을 미친다. 원화 강세는 현지 판매가격 상승으로 이어져 가격경쟁력을 악화시키고, 현지 매출과 이익을 원화로 환산하면 그 만큼 마진이 줄어든다.

M&A의 선택과 집중 필요

정몽구 전 회장의 '품질경영'이 현대차를 확실히 업그레이드한 것 은 사실이다. 그러나 임기 후반에는 업계가 급변하는데 품질만 너 무 강조해 수익성에 영향을 미치기도 했다. 다행인 것은, 정의선 현 회장이 부회장 시절부터 일찌감치 전기차, 자율주행, 전동화 등 차 세대 모빌리티 프로젝트를 주도해 그룹 전체에 성장 모멘텀이 생겼 다는 점이다.

현대차가 중심이 되어 로봇 개 '스폿'으로 유명한 미국 로봇개발 업체 보스턴 다이내믹스의 지분 80%를 8억 8,000만 달러에 인수한다고 한다. 그룹의 핵심사업으로 키울 로보틱스 분야의 선두주자를 인수하는 것은 반길 일이지만, 현대차는 토요타나 VW에 비해 현금 창출 능력이 부족한데도 지난 몇 년간 해외에서 너무 많은 기업을 인수하고 투자한 것은 아닌지 궁금하다. 주주 입장에서는 이들이 제대로 가치를 창출하고 시너지를 내야 수조 원의 투자 금액이 의미 있을 것이다.

전기차 · 자율주행의 핵심인 소프트웨어 능력 미흡

현대차는 완성차 업체 중 드물게 전기차와 수소차 병행 전략을 구사 중이다. VW나 토요타보다 규모가 작은 현대차 입장에서는 투자 금액이 부담되고, 수익성이 보장되는 대량생산으로 가기까지는 난관이 많다. 선택과 집중이 필요하지 않을까. 전기차는 규모의 경제에 도달하기 전까지 당분간 적자일 것이다. 현대차의 핵심 과제는 내연기관 생산 감소에 따른 이익 하락분을 전기차 흑자 전환으로 상쇄하는 것이다.

현대차는 2025년까지 전기차 23종 출시, 연간 100만 대 판매를 목표로 하고 있다. 2020년 12월에는 첫 전기차 전용 플랫폼 E-GMP도 공개했다. 1회 충전으로 최대 500km, 5분 충전으로 100km 주행이 가능하다고 한다. 이는 좋은 성과지만 테슬라의 OTA, 배터리 관리 시스템 등 소프트웨어 능력과는 아직 격차가 심하다.

2021년 초 국내 자동차 업계의 최대 화젯거리로 떠오른 '현대차와 애플의 협업' 건은 호재가 맞지만 현대차 입장에서 이해득실을 잘 따져봐야 할 것이다. 애플은 10억 명이 활동하는 자체 생태계와 15억 개의 iOS(모바일 운영 시스템) 플랫폼의 입장에서 애플카를 통해 서비스 매출을 높이는 데 관심이 있을 수 있다. 애플은 소프트웨어, 콘텐츠 모두를 장악하려 할 것이다. 독자적인 전기차 플랫폼(E-GMP)을 개발한 마당에 하청업체로 전락할 것을 우려하는 현대차 입장에서는 애플과의 협상 테이블에서 운신의 폭이 넓지 않을 수 있다.

배터리는 무겁기 때문에 미래의 트럭에 적합하지 않다. 트럭은 전기차보다 수소차가 적합하다. 수소차 비즈니스 모델의 관건 중 하나는 충전소인데, 현실적으로 가능할까? 정부는 전국에 2,000여 개의 수소 충전소를 설치한다는 계획이지만, 매우 큰 비용과 관련해 구체성이 없어 실현 가능성이 낮다. 전기차의 리스크 중 하나가 전 세계적으로 충분한 전기 충전소를 설치할 수 있느냐 여부인데, 수소 충전소는 더욱 예측하기 어렵다.

참고로, 한국 증시에는 성장성 있는 주식이 귀하다. 그래서 외국인들이 LG화학을 사는 것이다. LG화학이 주도하는 배터리 업체의 주가 랠리는 성장성에만 초점이 맞춰져 있다. 자본집약적 비즈니스 모델의 한계는 보지 못하는 듯하다. 배터리 수요는 10년 이상 연 20~30%씩 증가할 테지만, 배터리 업체는 매년 수조 원씩 투

자를 해야 한다. 배터리의 장기수익성이 메모리 반도체보다 좋을
리 없다. LG화학 등 배터리 업체에 매우 높은 주가 평가 배수(stock
valuation multiple)를 적용하는 것은 실수다. 리스크도 많다. 전고체
같은 신기술이 나오면 LG화학 등 기존업체들은 경쟁력에 타격을
입을 수 있다.

실제로 2020년 12월 퀀텀스케이프(QuantumScape)는 15분 안에
전기차 배터리 용량의 80%까지 충전할 수 있는 전고체 배터리를
개발했다고 발표했다. 퀀텀스케이프는 빌 게이츠와 VW가 투자한
미국 배터리 업체다. 삼성SDI, 중국의 CATL, 일본의 토요타와 파나
소닉도 전고체 배터리 개발에 뛰어들었다.

중국 적자 심화로 구조조정 필요

자동차업계는 장기이익률이 평균 4~5% 수준이다. 투자가 많이 필
요하고 경쟁도 치열하기 때문이다. 20%가 넘는 이익률은 한 대에
수억 원인 페라리 같은 슈퍼카만 달성할 수 있는 경이적인 수준이
다. 현대차도 그런 이익률을 기록한 적이 있다. 전성기 때 중국에서
이익률이 20%가 넘었다고 하니 현대차 입장에서 중국은 한때 황금
알을 낳는 거위였다.

그러나 최근 수년째 중국 비즈니스가 좋지 않다. 2020년 중국 판
매가 계속 두 자릿수 하락했다. 구조 조정 등 돌파구가 필요하다.

월가는 자본집약적 비즈니스 모델을 좋아하지 않는다

IT 주식 사지 않는 버핏이 애플에 투자한 이유

2020년 10월 25일 이건희 회장의 별세 소식을 전하면서 〈월스트리트저널〉은 다음과 같이 지적했다. "이 회장이 2014년 쓰러진 후 6년 동안, 삼성은 애플과 달리 고객의 충성심을 높이는 데 필요한 소프트웨어나 서비스를 개발하지 못했다."[12]

2021년 수익 추정 기준 삼성전자의 PER은 14배, 애플은 33배다. 한국에서 흔한 거버넌스 이슈가 삼성전자 주가의 발목을 잡는 것은 사실이다. 하지만 삼성전자의 최근 주가 상승에도 PER에서 애플과 여전히 큰 차이가 나는 근본적인 이유는 비즈니스 모델 때문이다.

세계 금융계에서 삼성전자는 세계 최고의 경쟁력을 가진 'IT 하드웨어 업체'로 인식되고 있다. 반면 애플은 '충성심 높은 10억 고객이 모인 생태계를 가진 기업'으로 변신했다는 평가를 받고 있다. 나

역시 2008년에 싱가포르에서 처음 아이폰을 구매한 후 지난 13년간 한국, 홍콩, 다시 한국에서 네 차례에 걸쳐 아이폰을 구매한 충성심 높은 고객이다. 집에 있는 컴퓨터도 아이맥, 노트북도 맥북이다.

버핏이 애플에 투자한 것도 IT기업이 아니라 세계 최고의 컨슈머 기업으로 생각했기 때문이다. 국내에 잘못 알려진 대로 IT 주식을 사지 않는다는 자신의 투자 원칙을 어긴 것이 아니다.

버핏은 현재 애플 지분을 5.6% 보유한 3대 주주다. 무려 140조 원에 육박하는 금액이다. 하지만 그는 경영에 일절 관여하지 않으며 이사회 자리도 요구하지 않았다. 2019년까지만 해도 20달러짜리 삼성 레트로 플립폰(SCH-U320)을 10년째 사용해 팀 쿡을 애타게 만들었다. 2020년 2월에야 쿡이 선물한 아이폰11로 전화기를 바꿨다.

버핏이 애플 주식을 처음 매수한 것은 2016년 5월로, 평균 24달러에 1천만 주를 샀다. 그가 대주주인 버크셔 해서웨이는 현재 9억 4,400만 주를 보유하고 있다. 평균 매입 단가가 35달러이니 애플 한 종목으로 4~5년 사이에 100조 원의 수익을 낸 셈이다.

버핏이 애플에 주목한 이유는 다음 4가지다. 이를 근거로 경상적 이익이 꾸준히 발생할 것으로 판단했던 것이다.

- 15억 개의 애플 제품(애플 운영체계 iOS를 사용하는 디바이스 기준. 1년에 1억 개 이상 순증)을 사용하는 고객 10억 명을 보유한 생

태계

- 아이폰 사용자가 10억 명을 돌파한 것으로 추정되며 매년 증가 추세
- 재구매율이 90%에 달하는 충성심 높은 아이폰 고객
- 앱스토어, 애플 뮤직, 애플 아케이드 등 서비스 부문 고객이 지난 1년간 30% 이상 급증해 5억 9,000명 돌파

애플의 자산경량화 모델 vs 삼성전자의 자본집약적 모델

—

판매량으로 따지면 삼성전자 스마트폰 비즈니스가 애플을 앞선다. 그러나 월가는 여러 면에서 애플을 삼성전자보다 한 수 위라고 생각한다.

글로벌 스마트폰 시장에서 제조사는 아이폰이나 갤럭시 같은 프리미엄 모델로 이윤을 잡고, 중저가폰으로 시장점유율을 챙긴다. 애플 아이폰의 평균 판매가는 800달러 정도로 추정된다. 삼성전자는 프리미엄 모델인 갤럭시도 있지만 인도, 동남아시아 등에 파는 중저가 폰이 많아 스마트폰 평균 단가는 200~300달러 정도다.

주식시장의 관점에서 보자. 과거 4분기 동안 애플의 매출이 삼성전자보다 34% 많았다. 삼성전자는 스마트폰뿐 아니라 반도체, 부품, 가전 등 다양한 제품 포트폴리오를 보유하고 있고 생산도 수

표 3-19 **삼성전자 주가 평가 vs 애플 주가 평가**

	삼성전자	애플
주가(2020년 12월 31일 기준)	8만 1,000원	133달러
시가총액(우선주 포함)	544조 원	2,461조 원
2021년 순이익 추정	39조 원	74조 원
PER(시가총액/2021년 순이익 추정)	14배	33배

직계열화돼 있다. 삼성전자도 이익이 많이 나는 기업이다. 하지만 애플의 아이폰과 서비스 부문의 수익성이 워낙 뛰어나 순이익은 164%나 차이가 났다. 2021년 순이익 추정 기준으로는, 반도체 시황 회복에 대한 기대감으로 삼성전자와 애플의 차이가 90% 정도로 좁혀진다.

시가총액은 애플이 2,461조 원, 삼성전자가 544조 원으로 거의 5배 차이가 난다. 애플은 PER 33배에, 삼성전자는 14배에 거래되기 때문이다.

삼성전자보다 2배 이상 높은 애플의 PER을 단순히 두 기업의 성장성 차이로만 설명할 수 있을까. 애널리스트들은 삼성전자도 이익률이 10년간 연 10% 이상 증가할 수 있는, 성장성 높은 초우량 기업이라고 생각한다. 금융시장에서 애플을 삼성전자보다 한 수 높게 평가하는 가장 큰 이유는 역시 비즈니스 모델 때문이다. 애플은 물건을 직접 만들지 않고 제품 기획, 디자인, 마케팅에 역량을 집중한다. 거의 유일하게 직접 만드는 것이 운영체제 소프트웨어다. 2020

년 말 애플은 PC용 CPU(중앙처리장치) 'M1'을 개발했다고 발표해 주목받기도 했다.

아이폰 제조는 중국에 대규모 공장을 가진 대만의 폭스콘 (Foxconn)이나 페가트론(Pegatron)에 위탁한다. R&D는 하지만 제조는 하지 않는 자산경량화 모델이다. 반면 삼성전자는 일본과 독일 기업처럼 전 공정을 직접 생산한다. 품질관리 측면에서 장점도 있지만 엄청나게 많은 자본이 필요하다. 자본집약적 모델이다.

증시가 자본집약적 기업에 후한 점수를 주지 않는 이유는 이익의 변동성 때문이다. 산업 성격상 대규모 투자는 제품가격 등락을 유발해 이익 예측을 어렵게 만든다. 100명 가까운 애널리스트가 삼성전자를 커버하지만 수익 예상은 번번이 빗나간다.

애플이 아이폰 판매량을 공개하지 않는 이유

애플은 2018년의 분기 실적 발표 때 앞으로는 아이폰 판매량을 공개하지 않겠다고 선언했다. "더 이상 우리를 기기만 만드는 하드웨어 업체로 평가하지 말아달라"는 애플 CFO의 호소에 월가는 냉소적이었다. 그러나 3년이 지난 지금 월가는 애플의 '체질 개선'에 환호한다. 그 사이 주가는 3배나 상승했다. "내가 없어도 살아남는 기업을 만들고 싶다"는 창업자 스티브 잡스의 생전 소망대로, 2011년

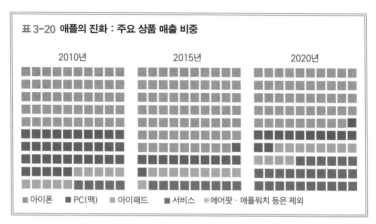

표 3-20 애플의 진화 : 주요 상품 매출 비중

2010년　　　　　2015년　　　　　2020년

■ 아이폰　■ PC(맥)　■ 아이패드　■ 서비스　※에어팟 · 애플워치 등은 제외

출처: 〈조선일보〉

그가 타계한 후 애플은 진화했고 계속 발전하고 있다.

시장이 애플의 막강한 생태계를 뒤늦게 재발견하고 서비스 부문에 주가 프리미엄을 부여하면서 PER이 1~2년 사이 레벨업되어 애플 주가는 이제 저평가 수준을 확실히 벗어났다.

애플은 아이폰 비중을 줄이고 대신 마진이 높은 서비스 비중을 10년 사이에 5배나 늘렸다. 최근 실적을 보면 구독료가 지속적으로 발생하는 음악 스트리밍, 앱스토어 같은 서비스가 전체 매출의 23%를 차지한다.[13] 지난 몇 년간 매년 80조 원가량의 자사주 매입 소각을 단행해 주주친화적 이미지도 굳혔다.

삼성전자와 애플의 차이는 총자산 내용에서도 확인된다. 총자산은 둘 다 약 370조 원이지만 그 내용은 매우 상이하다. 애플은 총자산의 58%가 잉여현금이다. 제조에 사용되는 유형자산은 42조 원으

표 3-21 삼성전자 대차대조표 vs 애플 대차대조표

	삼성전자	애플
현금	118조 원(총자산 대비 31%)	221조 원(총자산 대비 58%)
유형자산	125조 원(총자산 대비 33%)	42조 원(총자산 대비 11%)
총자산	376조 원	378조 원
매출액	235조 원	316조 원
영업이익	34조 원	76조 원
영업이익률	15%	24%

출처: 각사 재무제표

로, 총 자산의 11%에 불과하다. 반면 삼성전자는 비즈니스 특성상 매년 30조 원 이상을 설비 투자에 사용한다. IT 하드웨어는 장치산업이기 때문이다. 삼성전자는 유형자산이 125조 원으로, 총자산의 33%에 육박한다.

2020년 말 발표된 삼성전자 사장단 인사 내용을 보면, 10명이 넘는 이들 가운데 소프트웨어를 맡은 인사가 보이지 않는다. 모두 메모리 반도체, 파운드리, 생활가전 등 IT 제조나 R&D 또는 관리를 담당하는 인물들이다.

지인 중에 삼성, SK하이닉스 등 대형 IT기업을 오랫동안 고객으로 두고 회사를 키워온 오너 회장이 계시다. 그는 말한다. "삼성전자는 뼛속 깊은 곳부터 하드웨어 회사다."

사람도 기업도 DNA는 잘 바뀌지 않는다. 이재용 부회장이 삼성의 기업문화를 바꾸고자 해도 쉽지 않은 일이다. 소프트웨어·콘텐츠 역량이 절실한데, 위에서 지시가 떨어지면 하루에 15시간씩 일하는 하드웨어 기업의 문화에 길들여진 임직원이 대부분이기 때문이다. 이것이 '삼성다움'이고 삼성을 세계 1위의 하드웨어 기업으로 만든 DNA다.

소프트웨어 중심의 기업을 만들려면 문화가 개방적으로 변하고 그런 DNA를 가진 인재들이 모여야 한다. 아이폰이 쿨한 이미지로 프리미엄 스마트폰을 시장을 선도하는 이유는, 본사가 있는 쿠퍼티노(Cupertino)에 30년째 뿌리를 내린 애플의 독특한 생태계 때문이다. 이 생태계에는 실리콘밸리의 히피한 디자이너, 24시간 일하는 소프트웨어 엔지니어, 밀레니얼 세대의 소비자, 창의적인 협력업체 임직원이 다 모여 있다.

실리콘밸리에서 일하는 후배가 전하기를, 미국의 젊은 소프트웨어 엔지니어나 데이터 사이언티스트들은 삼성(Samsung Research America)보다는 오히려 중국 기업 틱톡에 관심을 보인다고 한다.

삼성전자가 한국 대기업 중 가장 성장성이 높고 주가도 저평가된 것은 사실이다. 그러나 월가는 아무리 수익성이 높아도 매년 수십조 원을 공장과 설비에 투자하는 하드웨어 중심의 자본집약적 비즈니스 모델에 프리미엄을 주지 않는다.

21세기는 자산, 매출 기준으로 '덩치 큰' 회사가 아니라 사람, 지식, 기술, 데이터를 가진 '똑똑한' 회사가 지배한다.

성공하는 기업은 DNA가 다르다

코리아 디스카운트는 해소될 수 있을까

성공하는 기업들은 공통점이 있다. 국가와 시장을 불문하고, 이들 기업의 시가총액은 장부가치보다 훨씬 더 높다. 장부가치란 재무제표상 총자산에서 총부채를 차감한 자본총계다. 즉 주주들의 몫이다. 요즘 성장성이 가장 부각되는 테슬라나 엔비디아는 시가총액을 자본총계(또는 장부가치)로 나눈 배수가 각각 105배, 25배다. 동 배수를 주당 지표로 환산한 것이 PBR이다.

시가총액은 기업의 미래가치이므로 전망이 좋은 기업은 당연히 시가총액이 장부가치보다 높아야 한다. 빅테크의 단순 평균 PBR은 13배이며, 이 중 성장성이 조금 낮고 규제 리스크가 크다고는 생각되는 알파벳은 6배, 페이스북은 8배다. 반면 성장성이 떨어지는 한국 기업들은 PBR이 1배를 넘지 못하는 경우가 많다. 이런 종목이

표 3-22 **주요 상장사의 시장가치와 장부가치의 상관관계**

	자산총계	부채총계	자본총계 (자산총계-부채총계)	시가총액	시가총액/ 자본총계
테슬라	32조 원	25조 원	7조 원	736조 원	105배
엔비디아	25조 원	11조 원	14조 원	355조 원	25배
아마존	258조 원	185조 원	74조 원	1,799조 원	24배
마이크로소프트	301조 원	183조 원	118조 원	1,851조 원	16배
애플	317조 원	95조 원	222조 원	2,461조 원	11배
페이스북	140조 원	29조 원	110조 원	847조 원	8배
알파벳	278조 원	71조 원	207조 원	1,310조 원	6배
네이버	15조 원	7조 원	8조 원	43조 원	5.4배
카카오	10조 원	3조 원	7조 원	35조 원	5.0배
삼성전자	358조 원	88조 원	270조 원	544조 원	2.0배
현대차	202조 원	128조 원	74조 원	44조 원	0.6배
KB금융	570조 원	529조 원	40조 원	17조 원	0.4배

주가가 싸다고 주장하는 이들도 있다. 하지만 저평가된 이유가 분명 있고, 지배 주주나 CEO가 이를 해소하는 데 관심이 없다면 주가가 움직일지 의문이다.

　네이버와 카카오는 최근 주가 급등 후 PBR이 각각 5.4배와 5.0배로 상승했다. 삼성전자 PBR은 2.0배 수준이다. 펀더멘털에 비해 아직도 저평가됐다. 엘리엇 매니지먼트의 2016년 10월 분석 자료에 따르면 삼성전자 주가는 당시 애플, 퀄컴, TSMC, LG전자 등 동종 기업들의 PBR 대비 68% 할인됐다. 저평가 현상은 여전히 해소되지 못했다. 요즘 국내 은행 중 경영을 제일 잘한다는 KB금융은 PBR이 0.4배다. 전 세계 금융사 PBR도 대개 1배 미만이다. 이는 금융업의 어두운 미래를 암시한다.

21세기 증시는 디지털 자산이 핵심

인터브랜드가 계산한 메르세데스 벤츠와 BMW의 브랜드 가치는 이들 시가총액의 70% 수준이다. 자동차 산업의 패러다임이 급격히 변화하는 환경에서 거대한 내연기관 생산설비는 벤츠나 BMW 같은 프리미엄 모델이라도 가치가 없다는 얘기다.

바야흐로 디지털 자산 시대다. 토지, 공장, 생산설비 같은 유형자산보다 지식, 기술, 브랜드, 고객관계 같은 무형자산이 핵심인 세상이다. 고객 빅데이터, 머신러닝 알고리즘 등 디지털 자산은 앞으로 더욱 중요해질 것이다.

성장성이나 마진은 재무제표에 반영되는 경영 실적이다. 반면 R&D를 기반으로 하는 무형자산은 재무제표 어디에도 나타나지 않는다. 따라서 엄청난 고객 데이터를 축적한 빅테크 외 넷플릭스, 페이팔, 스포티파이 같은 신경제 기업의 주가가 고평가됐다고 단정하는 것은 위험하다.

대형 사모펀드 칼라일그룹이 S&P500 지수에 포함된 기업들을 분석한 자료에 따르면, 기업가치 중 무형자산 비중이 1990년대 60%에서 최근 80% 중반까지 상승했다. 객실이나 직원 없이 플랫폼 운영만으로 하얏트, 힐튼 등 대형 호텔 체인과 경쟁하는 에어비엔비(Airbnb) 같은 신생회사들이 앞으로도 계속 탄생할 것이다.

브랜드, 고객관계, 리더십, R&D 능력, 거버넌스 모두 무형자산으로 재무제표에 잡히지 않는다. 대차대조표 무용론까지 나온다. 스티브 잡스의 창의성, 샤넬의 브랜드 가치, 구글 AI 사이언티스트들의 연구·개발 능력, 비자카드 사용자의 충성도, 대한항공 승무원의 서비스 정신은 기업 경쟁력과 가치를 결정하는 핵심 요소들이지만 대차대조표에 전혀 반영되지 않기 때문이다.

주가 프리미엄을 누리는 기업의 공통점
——

- 그동안 고성장을 해왔고 앞으로도 고성장세가 유지되리라고 시장이 믿는다. 그 결과 PER 등 주가 수준(stock valuation)이 높다.
- 이익률이 높다. 이는 배당 또는 자사주 매입소각을 할 수 있는 재원이 충분하다는 얘기다. 또한 잉여재원을 R&D 등 미래를 위한 투자에 집중한다.
- 뛰어난 브랜드, 끈끈한 고객관계, 카리스마와 비전을 가진 지도자, 잘 훈련된 R&D 스태프 등 무형자산이 우수하다.
- 거버넌스가 우수해 시장의 신뢰를 받고 그 결과 주가가 안정적이다.

4장

—

안정적인 수익을
올려줄 기업

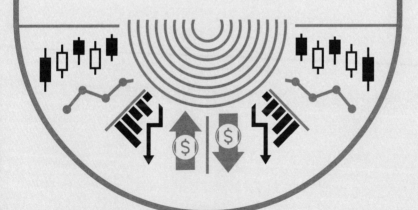

패밀리 기업

금수저 부작용보다 '주인의식'이라는 장점 뛰어나

투자자의 목표와 투자 대상인 기업의 목표가 일치(alignment)할 때 가장 좋은 투자 성과가 난다. 대주주나 CEO가 소수 주주와 같은 배를 탔다는 마음으로 기업을 경영할 때 주가는 상승의 발판을 다진다. 하지만 우리는 대주주나 CEO가 소수 주주의 뜻과 다르게 행동하는 경우를 종종 본다. 이런 경우 이해관계가 상충해 소수 주주들이 손해를 보게 마련이다.

이런 거버넌스 리스크를 피하는 방법 중 하나가 투명하게 경영하는 패밀리 기업에 장기 투자하는 것이다. 가족기업이라고도 하며 아시아에서는 삼성, LG, SK, 현대차그룹 같은 한국의 재벌이 대표적이다. 미국에는 월마트, 포드, 에스티로더, 허쉬, 컴캐스트(Comcast) 등이 있다. 유럽은 독일의 BMW, 네델란드의 하이네켄,

프랑스의 에르메스, LVMH, 케어링, 로레알, 스페인의 인디텍스, 스위스의 로슈, 이탈리아의 몽클레르와 프라다 등이 패밀리 기업이다. 이들은 코로나19 사태로 전 세계 경제가 어려운 2020년에도 기업가치가 대부분 증가했고 그 결과 가문의 재산도 증식했다.

기업은 장기적인 목표와 단기적인 실천력이 결합되고 균형을 유지할 때 훌륭한 성과를 창출할 수 있다. 가족 재산 대부분이 패밀리 기업 주식에 투자돼 있다면, 가족 구성원들은 밖에서 이상한 행동을 하지 않고 자기 회사 주식가치의 상승을 위해 노력할 것이다. 패밀리와 소수 주주의 목표가 일치되는 것이다.

크레딧 스위스의 최근 분석에 의하면, 2006년 이후 전 세계 주요 패밀리 기업의 주가가 다른 상장사에 비해 매년 3.7%포인트 높은 성과를 보였다. 누적수익률로 따지면 대단한 격차다. 패밀리 기업은 주인의식이 강해 항상 장기적 관점에서 투자하고, 안정적이며, 매우 높은 수익을 지속적으로 창출하기 때문이다. 대주주인 패밀리뿐 아니라 소수 주주도 주가 상승에 따른 이익을 보는 셈이다.[1] 패밀리 기업은 지난 14년간 일반 상장사보다 다음과 같이 우수한 경영 성과를 일궈냈다.

- 일반 상장사 매출증가율은 연 6.8%, 패밀리 기업은 연 11.3%로 매년 4.5%포인트 높았다.
- 이익율도 약 2%포인트 우월했다.

- 장기적인 관점에서 설비 투자를 집행하고 R&D 투자도 훨씬 적극적이었다.
- 재무구조가 우수하고 투자 시 차입보다는 자체 자금에 의존 했다.

패러다임 바뀌어도 끄떡없이 안정적

—

패밀리 기업은 매우 다양하다. 1743년 프랑스에서 설립된 루이비통이나 1847년 덴마크에서 탄생한 칼스버그같이 수백 년의 역사를 가진 상장기업도 있고, 이보다 역사는 짧지만 108년간 비상장 형태로 가문을 유지하는 샤넬 같은 명품 브랜드도 있다. 페이스북, 알파벳, 테슬라처럼 지난 20~30년 사이 실리콘밸리에서 시작한 1세대 신생기업도 많다.

이들 기업의 창업자와 패밀리는 자신의 지분을 시장에 매각해 현금화하는 것이 현실적으로 어렵기 때문에 숙명적으로 기업가치 극대화에 노력을 기울인다. 성공하는 패밀리 기업의 공통점은 10~20년 후의 장기 비전과 1~2년의 단기 계획이 조화를 이루며, 큰 변화의 흐름에 잘 대응하고 나아가 이를 적극적으로 이용한다는 점이다.

상당수의 패밀리 비즈니스는 상장시키지 않고 창업한 가문이 그대로 지분을 보유하고 있다. 외부 돈을 받을 필요도 없고 이익이 많이 나는 회사의 지분을 굳이 남에게 넘길 이유도 없었던 것이다. 2대 이상의 전통을 가진 전 세계 25대 패밀리 기업 중 절반 이상이 비상장이다. 그래서 알짜 패밀리 기업은 많으나 상장사를 찾는 작업은 쉽지 않다. 미국 · 유럽 증시에 상장된 월마트, 에스티로더, 허쉬, 로레알, 로슈 같은 기업은 과거 몇 세대에 걸쳐 그래왔듯이 앞으로도 안정적인 성장을 지속할 것 같다.

월마트-낮은 리스크, 우수한 비즈니스 모델

1962년 설립돼 전 세계 1만 1,300개 매장, 150만 명의 직원을 가진 세계 최대 소매유통 기업 월마트의 주가는 지난 10년간 연평균 10%, 5년간 연평균 17% 상승했다. 2020년에 2% 가까운 배당수익률이 기대된다.

월튼 패밀리가 회사 지분 50%를 보유하고 있는데, 월마트 시가총액이 450조 원이니 지분가치가 거의 230조 원이다. 매력적이고 리스크가 적은 월마트 주식을 장기 보유하는 것은 월튼 가문과 한배를 타는 것이다.

월마트는 매출회전율이 매우 높고 현금흐름 창출 능력이 우수한 비즈니스 모델을 갖고 있다. 물류 등 공급망 개선에 많은 투자를 했고 전자상거래 전략도 좋은 성과를 내고 있다. 1위 아마존과 격차는 있지만 후발주자로서 미국 전자상거래 부문 2위를 달리고 있다. 홈이라면 직원 근무 조건, 급여, 복지 등 ESG 관점에서 자주 비난받는 것인데, 거꾸로 생각하면 월마트는 주주가치를 가장 중시한다는 뜻일 수도 있다.

에스티로더-최고의 화장품 브랜드 포트폴리오 구축

유럽의 패밀리 기업 일색인 명품/화장품 업종에서 에스티로더는 1946년에 설립된 미국의 패밀리 기업이다. 에스티로더 지분 40%를 유대계 미국인 로더(Lauder) 가문이 보유하고 있다.

1분에 9병씩 팔리는 '갈색병' 등 에스티로더 자체 브랜드 외에 여성에게 친숙한 크리니크(Clinique), MAC, 조 말론(Jo Malone), 바비 브라운(Bobbi Brown), 라 메르(La Mer), 아베다(Aveda) 등 다양한 화장품 브랜드를 갖고 있으며, 시가총액은 106조 원이다. 주가는 지난 10년간 연 21%, 5년간 연 26% 상승했다. 2020년에 1%의 배당 수익률이 기대된다.

에스티로더는 디지털 환경에 성공적으로 적응해 브랜드 가치를 잘 유지하고 있으며, 중국시장에서도 시장점유율을 계속 높여갈 것 같다. 중국을 비롯해 아시아에서의 고성장이 계속 기대된다. 최근 주가가 너무 급상승했으니 장기 보유를 생각하는 투자자는 주가 조정을 기다리기 바란다.

허쉬-초콜릿은 영업이익률 20%가 넘는 우량 비즈니스

초콜릿으로 유명한 허쉬도 뛰어난 미국 패밀리 기업이다. 초콜릿 산업은 매년 4~6% 성장하고 있으며 엠엔엠즈(M&M's) 브랜드를 가진 세계 1위의 마스(Mars), 네슬레(Nestle) 등 유럽과 미국의 패밀리 기업들이 주도한다. 기업가치가 130조 원 이상으로 추정되는 마스는 비상장 형태로, 창업 가문이 지분 전부를 갖고 있다.

1894년 밀턴 허쉬(Milton Hershey)가 펜실베이니아 주에서 창업한 허쉬는 창업 가문이 허쉬재단을 통해 경영권을 갖고 있다. S&P500 지수에도 포함되는 허쉬는 시가총액이 34조 원이다. 주가는 지난 10년간, 또 5년간 연 11% 상승하는 안정적인 모습을 보였다. 20%가 넘는 영업이익률을 바탕으로 2020년에도 2%의 배당수익률이 예상된다. 앞으로도 꾸준한 판매단가 인상, 안정적인 물량 증가로 과거와 유사한 성장세를 유지할 수 있으리라 보인다.

2016년에는 오레오 브랜드를 가진 세계 2위 초콜릿 제조사 몬델리즈(Mondelez)가 허쉬를 공개매수하려는 시도가 있었는데, 물론 독립성을 유지하려는 허쉬 패밀리의 반대로 M&A는 무산됐다.

로슈-세계 최고의 대형 제약사

지극히 고평가된 셀트리온 같은 주식보다, 120년간 5대에 걸쳐 세계 최고의 빅 파마(big pharma, 글로벌 대형 제약사) 로슈를 키운 스위스의 호프만(Hoffman) 패밀리와 같은 배를 타는 것이 안전하지 않을까? 호프만 패밀리는 시가총액 330조 원의 세계 1위 제약사 지분을 50%가량 보유하고 있다. 미국 최고의 바이오테크사 제넨테크(Genetech)를 자회사로 둔 로슈는 전 세계 바이오사 중 R&D 투자를 가장 많이 하고도(100억 달러 상회) 영업이익률이 30%가 넘는다. 2020년 3%의 배당이 기대되는데, 지난 32년간 해마다 배당이 증가해 배당 리스크는 걱정하지 않아도 될 것 같다.

로슈의 주가는 지난 10년간 연평균 8%, 5년간 연평균 3% 상승했다. 2021년 수익 예상 기준 PER이 15배이므로 장기 보유하면 꾸준한 성과가 나올 것 같다.

로레알-세계 최대의 화장품 회사

세계 최대의 화장품 회사인 프랑스의 로레알은 시가총액이 230조 원이고 경영권을 가진 베탕쿠르(Bettencourt) 패밀리가 33%의 지분을, 스위스 네슬레가 23%의 우호 지분을 소유하고 있다. 1998년 이후 한 해를 제외하고 로레알은 매년 업종 평균보다 높은 성장세를 기록했다.

로레알 자체 브랜드 외 랑콤, 메이블린(Maybelline), 키엘(Kiehl's), 비오템(Biotherm), 슈에무라(Shu Uemura), 케라스타즈(Kerastase) 등 17개 브랜드를 가지고 있다. 2017년에는 스타일난다를 6,000억 원에 인수해 세상을 깜짝 놀라게 만들기도 했다.

로레알 주가는 지난 10년간 연 14%, 5년간 연 15% 상승했다. 에

스티로더와 같이 주가가 급상승해 부담이 되니 장기 투자자는 주가 조정을 기다리는 것이 좋을 것 같다. 2020년 1% 조금 넘는 배당수 익률도 기대된다. 고성장하는 아시아 스킨케어 시장에 집중하고 전자상거래 전략을 구사해 성공한 덕택이다. 최고디지털책임자(Chief Digital Officer)를 따로 임명할 정도로 확실한 디지털 전략을 보유한 로레알은 2020년 상반기 전자상거래 비중을 매출의 25%까지 늘렸다. 앞으로도 매년 8~12%의 이익 성장이 기대된다. 만약 로레알이 네슬레 소유 지분을 매입해 소각하면 주주가치가 14% 상승할 수도 있다.

유럽 럭셔리 브랜드-패밀리 기업의 장점 가장 잘 드러나

패밀리 기업의 장점이 가장 잘 드러나는 산업이 럭셔리 제품이다. 전통 패밀리 브랜드인 에르메스, 샤넬, 프라다와 M&A를 통해 사세를 키운 LVMH, 케어링, 몽클레르 등이 해당된다. 유럽 재계 서열 1위인 베르나르 아르노 LVMH 회장, 프랑소와 앙리 피노 케어링 회장, 레모 루피니(Remo Ruffini) 몽클레르 회장은 창업 가족은 아니지만 유럽 럭셔리 브랜드의 장점을 잘 살려 세계적인 기업으로 발전시켰다는 평가를 받는다.

전 세계적으로 부익부, 빈익빈 문제가 심각한데 임금 격차가 심

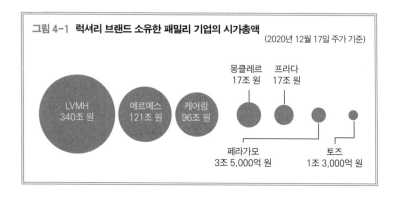

그림 4-1 럭셔리 브랜드 소유한 패밀리 기업의 시가총액

(2020년 12월 17일 주가 기준)

몽클레르 17조 원 / 프라다 17조 원

LVMH 340조 원 / 에르메스 121조 원 / 케어링 96조 원

페라가모 3조 5,000억 원 / 토즈 1조 3,000억 원

표 4-1 럭셔리 브랜드 소유한 패밀리 기업 시가총액과 주가상승률

기업	시가총액	연 주가상승률		브랜드
		5년	10년	
LVMH*	340조 원	28%	15%	루이비통, 디오르, 펜디, 셀린느, 로로피아나, 마크제이콥스, 지방시, DFS, 세포라, 불가리, 태그호이어, 헤네시, 모엣샹동, 돈페리뇽 등
케어링	96조 원	31%	18%	구찌, 이브생로랑, 보테가 베네타, 발렌시아가, 브리오니, 알렉산더맥퀸 등
에르메스	121조 원	23%	19%	에르메스
샤넬	비상장			샤넬
크리스찬 디오르**	107조 원	23%	15%	디오르
몽클레르	17조 원	30%	NA**	몽클레르, 스톤 아일랜드(예정)
프라다	17조 원	14%	0%	프라다, 미우미우, 처치스
토즈	1.3조 원	-17%	-9%	토즈
페라가모	3.5조 원	-6%	0%	페라가모
브루넬로 쿠치넬리	3.5조 원	18%	15%	브루넬로 쿠치넬리

* 패밀리 지주사인 그룹 아놀트 SAS(Group Arnault SAS)가 크리스찬 디오르 지분 70%를 보유하고, 디오르가 LVMH 지분 42%를 소유
** 2013년에 상장

화되면서 오히려 중국이나 아시아에서는 명품 구매가 가능한 중산층이 빠르게 증가하고 있다. 에르메스·샤넬·루이비통 핸드백은 매년 가격을 올려도 수요가 탄탄하다. 2020년 4월 코로나19 와중에도 샤넬은 제품 가격을 4~15% 전격 인상했다. 럭셔리 시장은 시계, 반지, 목걸이 같은 하드 럭셔리와 가죽·실크 제품, 핸드백, 고급 의류 같은 소프트 럭셔리로 구분되며, 베인&컴퍼니(Bain&Company)에 의하면 2019년 럭셔리 시장 규모는 약 362조 원이다.

해외여행 시 현지에서 쇼핑하는 제품을 포함해서 중국은 전 세계 럭셔리 제품 수요의 35%를 차지한다. 2025년까지 그 비중은 50%에 달할 것이라고 전망된다. 온라인 판매 비중도 2019년 12%에서 2025년 30%까지 증가할 것 같다.

LVMH-75개 명품 브랜드 거느린 럭셔리 왕국

'캐시미어 양떼 사이의 늑대'라는 별명을 가진 아르노 LVMH 회장은 지난 35년간 공격적인 기업 인수합병을 통해 명품 왕국을 키웠다. LVMH 상장사는 루이비통, 크리스찬 디오르(Christian Dior), 펜디(Fendi), 셀린느(Celine), 로로피아나(Loro Piana), 마크제이콥스(Marc Jacobs), 지방시(Givency) 등 고급 패션/가죽, 세포라(Sephora), DFS 같은 유통, 헤네시, 모엣샹동(Moet & Chandon), 돔페리뇽(Dom Perignon) 같은 와인 및 주류, 불가리, 태그호이어 같은 시계/보석 라인 등 75개 브랜드를 소유하고 있다. 아마 현대백화점 압구정 본점의 명품 코너를 걷다 보면 한 집 건너 하나씩이 아르노 회장의 브랜드일 것이다.

막강한 브랜드 포트폴리오와 규모의 경제를 가진 LVMH의 시가총액은 340조 원에 달한다. 아르노 회장은 개별 브랜드의 특성을 극대화하면서도 시너지 효과를 만들어 LVMH를 세계 최대, 최고의 럭셔리 그룹으로 성장시켰다. 임대료, 광고비 등 고정비가 큰 럭셔리 산업에서 LVMH, 케어링 같은 대기업은 절대 유리하다.

LVMH 주가는 성공적인 M&A와 자체 성장을 반영해 지난 10년간 연 15%, 5년간 28% 상승했다. 많지는 않지만 2020년 1%의 배당수익률이 기대된다. 아르노 회장과 패밀리는 직·간접적으로 LVMH 주식의 47%를 소유하고 있다. LVMH 주식을 사는 것은 세계에서 명품 딜을 제일 잘하고 경영 능력도 최고인 아르노 회장과 같은 배를 타는 셈이다.

리스크는 루이비통 브랜드가 여전히 LVMH 이익의 절반을 차지한다는 점이다. 다변화 노력이 필요하다. 아르노 회장은 지금도 열심히 뛰고 있지만 71세인 그가 언제까지 현역으로 남아 있을지 모른다. 가업 승계를 천명한 그가 4명의 자녀 중 누구에게 경영권을 넘길지 초미의 관심사다.

케어링-구찌를 소유한 뛰어난 럭셔리 지주사

케어링은 지난 30년간 프랑소와 피노 명예회장이 M&A를 통해 구찌, 이브생로랑, 발렌시아가, 보테가 베네타, 알렉산더 맥퀸, 브리오니(Brioni), 부쉐론(Boucheron) 등 15개 브랜드를 인수한 명품 브랜드 지주사다. 명예회장의 아들인 프랑소와 앙리 피노 회장 겸 CEO는 내부 성장 잠재력을 극대화하고 M&A 시너지 창출을 위해 지난 5~6년간 신규 브랜드 인수를 자제했다.

20세기 초 이탈리아 가죽전문점에서 시작한 구찌가 케어링의 대표적인 브랜드로, 전체 매출의 61%를 차지해 의존도가 너무 높다는 지적을 받는다.

케어링 시가총액은 96조 원이다. LVMH보다 규모는 작지만, 주가는 더 좋은 성과를 냈다. 지난 10년간 연 18%, 5년간 31% 상승했다. 2020년 1%의 배당수익률도 기대된다.

피노 회장과 패밀리는 지주사인 그룹 아르테미스(Group Artemis)를 통해 케어링 주식의 41%를 소유했으며 스포츠 브랜드인 퓨마 지분 29%, 경매하우스 크리스티(Christie's) 지분 100%도 갖고 있다. 럭셔리 산업은 브랜드가 확실히 자리를 잡으면 선순환의 사이클이 시작된다. 샤넬·에르메스·루이비통 핸드백 같은 명품은 수요가 항상 공급을 초과하므로 가격 인상이 용이하고, 그 결과 이익과 현금흐름이 계속 개선된다. 이는 주가 상승으로 이어지고 LVMH, 케어링, 몽클레르의 사례처럼 높은 주가를 무기로 다른 브랜드를 M&A할 수 있다. 이런 활동은 제품 혁신과 창조적인 디자인의 증가로 나타나 브랜드가 더욱 강화된다.

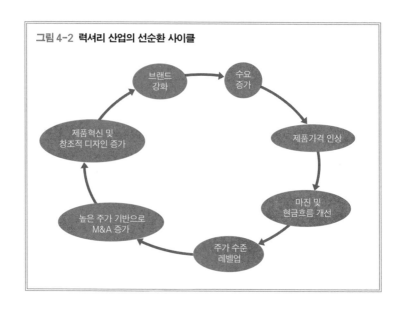

그림 4-2 **럭셔리 산업의 선순환 사이클**

브랜드 강화

수요 증가

제품가격 인상

마진 및 현금흐름 개선

주가 수준 레벨업

높은 주가 기반으로 M&A 증가

제품혁신 및 창조적 디자인 증가

에르메스-명품 중의 명품 버킨백을 닮은 주가

에르메스는 가족 지분이 높지만 주식을 파리 거래소에 상장하고 있다. 프랑스 장인들이 직접 만드는 버킨백, 켈리백은 가격이 1천만 원을 훌쩍 넘는다. 공장에서 대량생산하지 않기 때문에 주문하면 1년 이상 기다려야 인도받을 수 있다.

1837년 마구용품 사업으로 시작한 에르메스는 6대째 패밀리 기업으로 남아 있다. 세계 최고의 명품만 팔기에 영업이익률이 30%를 넘는다. 에르메스 주식도 버킨백처럼 주가 수준이 매우 높다. 주식의 희소가치가 더해져 2021년 수익 추정 기준 PER이 50배를 넘었다. 지난 10년간 연 19%, 5년간 연 23%의 주가 상승이 있었고,

시가총액은 121조 원이다.

주주 구성은 에르메스 가문이 65%, M&A를 염두에 둔 비우호적 LVMH 지분이 20%나 되어 유통되는 주식이 매우 적다. 비싼 버킨 백을 사는 것보다 에르메스 패밀리가 운영하는 세계 최고의 럭셔리 회사 주주가 되는 게 낫지 않을까. LVMH가 항상 인수하려고 노리기 때문에 M&A 프리미엄은 유지될 듯하지만 주가가 조정받으면 매수해도 늦지 않을 것이다.

한편 에르메스와 최고의 명품 자리를 다투는 샤넬은 폐쇄적인 패밀리 원칙 때문에 주식을 상장시키지 않고 있다. 창업 108년 만인 2018년에 처음으로 실적을 공표했다. 매출 96억 달러, 영업이익 27억 달러(2017년 기준) 등 뛰어난 실적이었는데, 이는 구찌(2017년 매출 71억 달러)를 능가하고 루이비통과 유사한 수준이었다. 그 후 2년간 매출은 연 12% 늘었고 영업이익률은 28%를 유지하고 있다.

몽클레르-패딩계의 샤넬

수백만 원대의 겨울 패딩으로 유명한 몽클레르 본사는 밀라노에 있지만 원래는 프랑스 회사였다. 2003년에 이탈리아 기업가 레모 루피니가 인수한 후 사세를 키워 주식을 2013년 밀라노 거래소에 상장시켰다. 1968년 프랑스 스키 국가대표팀 공식 후원사로 선정될 만큼 몽클레르는 원래 실력을 인정받는 기업이었다. 본격적인 모멘텀을 타기 시작한 것은 루피니 회장이 인수한 후 유명 디자이

너들과 협업을 하면서부터다. 그 후 세련되면서 경쾌한 패딩 파카를 선보이며 고급 패션 브랜드로 인정받았다. 몽클레르 시가총액은 17조 원이고 주가는 지난 5년간 연 30% 상승했다. 2019년에는 영업이익률이 30%나 됐다. 향후 5년간 매년 10~15%의 매출 성장은 거뜬해 보인다. 지난 5년간 럭셔리 브랜드 평균보다 빠르게 성장해온 몽클레르는 특히 중국 등 아시아에서 인기가 매우 많아 성장 잠재력이 높다. 2020년 스톤아일랜드(Stone Island) 지분 100%를 1조 5,000억 원에 인수한다고 발표했다. 몽클레르 주가가 조정받을 때 25% 지분을 보유한 루피니 패밀리와 같은 배를 타는 것도 좋은 아이디어다.

한편 프라다, 토즈, 페라가모 등은 브랜드 모멘텀, 성장성 측면에서 한 수 아래인 것으로 보인다. 몽클레르를 비롯해 LVMH, 케어링, 에르메스 모두 장기 보유에 적합한 종목이지만, 단기간 주가가 급등했기 때문에 2021년에 조정을 기다렸다가 매수해도 늦지 않을 것 같다.

한국의 패밀리 기업들

———

"부자는 3대를 못 간다"는 속담이 있다. 딜로이트(Deloitte) 패밀리 비즈니스센터에 의하면, 패밀리 기업 중 30% 미만만이 가족 소유를 3대까지 이으면서 생존하는 데 성공했다. 가족 소유 자체만으로는 기업의 영속성이 보장되지 않는다는 얘기다.[2] 전 세계 패밀리 기업 주가도 1대 및 2대 기업은 성과가 매우 좋지만, 금수저 부작용이 나타나는 3대부터 실적이 좋지 않다(물론 월마트, 로슈, 에르메스 등 예외도 많다).

4세 경영을 하는 두산그룹이 대표적인 사례다. 두산그룹은 지금 뼈를 깎는 구조조정을 하고 있지만 이미 3세 경영 때부터 잘못된 판단의 연속이었다. 외부 컨설팅을 너무 믿었는지 박 패밀리 3세들은 이익이 많이 나고 현금흐름이 좋은 소비재 회사들을 매각하고 중후하고 장대하지만 경기에 민감한 산업재 회사들을 인수했다. 그것도 중공업, 건설중장비처럼 경기의 영향을 많이 받는 산업에 진출할 때 금기사항인 차입에 의존해서 말이다. 한국의 대표적 패밀리 기업인 삼성그룹, 현대차그룹도 현재 3세 경영이므로 중요한 분기점에 놓여 있다고 볼 수 있다.

한국에서는 재벌이 2가지 의미를 가진다. 자본주의의 발전에 따라 자연스럽게 형성되는 거대기업군을 일컫기도 하지만, 이들을 지배하는 패밀리를 지칭하기도 한다. 한국적 패밀리 기업 모델은, 거버넌스를 중심으로 운영의 묘만 잘 살린다면 우수한 제도다. 수십조 원을 버는 삼성그룹을 필두로 현대차, SK, LG 등 대다수 재벌이 2018년에 각자 사상 최고의 이익을 기록했고, 해외 경쟁력이 더욱 높아지고 있다.

세계를 석권한 LED 사업이나 삼성바이오로직스의 바이오의약품 위탁생산(CMO)을 예로 들어보자. 경영진과 구조조정본부가 미래 신수종 사업으로 정하면, 삼성은 단기 손실에 개의치 않고 장기 투자를 한다. CEO가 분기 실적에 많은 신경을 써야 하는 구미에서는 불가능한 사업들이다.

한국의 재벌은 고속 성장기에 계열사 신규사업에 출자해주면서 벤처캐피털 역할을 했고, 지급 보증을 통해 신용 공여자가 되기도 했다. 또한 그룹 공채를 통해 인재를 대규모 채용·양성한 후 계열사에 파견하면서 인재양성소 역할도 했다.

과거 거수기 수준에 머물렀던 이사회를 대신해 그룹 비서실이 계열사 기획 기능과 경영진 감시 역할을 한 것은 사실이다. 하지만 역기능도 있었다. 패밀리의 대리인으로서, 소수 주주를 포함한 다양한 이해관계자의 이익을 무시하며 때로는 계열사의 사금고화를 진두지휘하기도 했다. 이 과정에서 소수 주주의 권리가 침해되는 경우가 많았다.

재벌의 지배구조가 꼬이게 된 근본적인 이유는, 1980~1990년대 고속 성장기에 대규모 차입과 증자를 통해 회사를 키우다 보니 패밀리 지분율이 하락하는 것을 신경 쓰지 못했기 때문이다. 자본시장이 개방되기 전이라 외국인의 증시 참여가 극히 제한되었기 때문에 적대적 인수합병에 대한 걱정도 없었다. 능력에 비해 너무 급속성장하다 보면, 대주주의 지분이 희석되는 경우는 한국뿐 아니라 해외에서도 목격할 수 있다. 가령 애플은 대주주가 없다.

삼성전자의 외국인 투자자 지분율은 56%에 이른다. 이재용 부회장 패밀리가 소유한 지분의 수배에 달하는 주식을 외국인이 보유하고 있다. 2016년에 엘리엇 매니지먼트의 주주환원 요구가 있기는 했지만, 삼성전자가 경영을 잘하고 주가가 이를 반영하면 외국인들의 경영 간섭은 없을 것이다. 매년 수십조 원의 순이익을 내고 있을 뿐 아니라, 외국인 투자자들은 이 패밀리와 현 경영진이 삼성전자를 이끌어가기에 가장 적합하다고 생각하기 때문이다.

글로벌 스탠더드에서 볼 때 삼성전자의 거버넌스는 개선할 부분이 많다. 하지만 배당을 포함해 주주환원정책이 가동되기 시작했고, IT 본업의 경쟁력이 당분간 세계 최고 수준을 유지할 것이다. 따라서 삼성전자는 한국에서 여전히 가장 유망한 대형주라고 생각된다.

패밀리 기업의 아킬레스건

패밀리 기업의 아킬레스건은 가족의 경영권 승계다. 소유권(지배력), 승계, 거버넌스는 패밀리 기업에서 서로 맞물려 있는 핵심 요소다. 우리는 롯데, 한진, 금호, 두산 등의 세대 승계 과정에서 일어나는 가족간 불화 스토리를 많이 봐왔다. 타격받은 리더십은 예외 없이 그룹 경영에 큰 악영향을 미쳤고 주식의 미래가치가 손상됐다.

그런데 패밀리 기업의 장기 발전을 위해 중요한 것이 소유권, 승계보다 거버넌스다. 국내에서는 거버넌스 개념을 오해하는 경우가 많다. 패밀리 멤버와 이들의 대리인인 구조본 임원들도 잘 모른다. 기자, 학자들은 왜곡된 보도를 일삼는다. 대주주 패밀리 지분이 높아지면 거버넌스가 개선된다고들 하지만 이는 사실이 아니다. 기업과 주주(대주주, 소수 주주, 외국 주주 모두 포함)의 이익을 가장 우선시하고 함께 지속적인 성장을 추구할 때 거버넌스가 좋다고 하는 것이다. 가문 내 소통도 중요할 뿐 아니라 일반 주주들의 의견과 권리를 존중해 합의된 목표를 추구하는 것이 핵심이다.

아직 소유권이 넘겨지지 않았지만 현대차그룹, 한화그룹은 3세가 경영권을 접수했다. LG그룹도 4세 경영을 가동한 지 2년이 지났다. 거버넌스의 핵심인 경영권 승계 문제는 비단 한국에 국한된 것이 아니다. 미국 3대 자동차 업체 중 하나인 포드의 빌 포드(Bill Ford) 회장도 10여 년 전 주주총회에서 저조한 실적으로 사임 압력을 받았다. 주주들은 창업주의 증손인 빌 포드에게, 이사회 의장과 CEO 겸직을 분리하고 소액 주주를 차별하는 차등의결권 제도를 없애라고 주문했다. 당시 미국 기관 투자가의 주장은 오너 경영권 세습 자체를 문제 삼는 게 아니라 능력이 '검증된' 인물이 기업을 이끌어야 한다는 것이었다.

브랜드 가치가 높아지는 기업

인터브랜드가 선정하는 100대 브랜드에 주목하라

세계 증시에서 장기간 높은 주가 상승을 보인 기업은 좋은 제품과 서비스를 바탕으로 오랜 기간 고객의 신뢰를 쌓았고 브랜드 가치를 지속적으로 키워왔다. 애플, 아마존, 마이크로소프트, 구글, 삼성, 페이스북, 나이키, 아디다스, 루이비통, 에르메스, SAP, 어도비, 스타벅스, 비자카드 등이 대표적이다. 최근에는 페이스북 자회사인 인스타그램, 구글 관계사인 유튜브, 페이팔, 넷플릭스, 세일즈포스, 스포티파이 등 구독경제 모델을 가진 회사들이 브랜드 가치를 급속히 높이고 있다.

인터브랜드는 매년 가을 '베스트 글로벌 브랜드'를 발표하는데 영향력이 막강해 재계와 금융계, 언론의 주목을 받는다. 월가가 인터브랜드의 발표를 주목하는 이유는 지난 21년간 베스트 글로벌 브

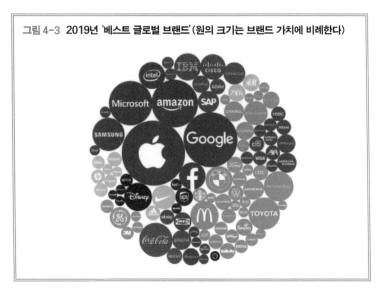

그림 4-3 **2019년 '베스트 글로벌 브랜드'**(원의 크기는 브랜드 가치에 비례한다)

출처: 인터브랜드

랜드로 선정된 기업들이 시장보다 뛰어난 주가 성과를 거뒀기 때문이다.[3] 브랜드는 인력, R&D, 고객관계, 신뢰 등과 함께 기업의 가장 중요한 무형자산이다.

인터브랜드는 "브랜드는 살아있는 자산"이라고 강조한다. 2020년 10월 인터브랜드는 신규 100대 글로벌 브랜드를 발표했는데, 테슬라가 40위로 재진입했다. 이는 친환경에 대한 개인들의 신념이나 가치가 반영된 결과라 하겠다. 현재 128억 달러에 달하는 테슬라의 브랜드 가치는 밀레니얼 세대의 전폭적인 지지를 받아 계속 상승할 것이다. 나무를 정성스럽게 키우듯이 기업은 브랜드를 지속적으로 관리할 필요가 있다. 브랜드는 기업가치에 직접적인 영향을 미친다. 인터브랜드에 의하면 "브랜드는 제품이나 서비스가 더 많은 고객의 선택을 받도록 해 매출을 증가시키고, 더 높은 가격을 받을 수 있기에 영업이익을 늘리며, 다시 해당 브랜드를 찾도록 해 고객의 충성도를 이끌어낸다."[4]

브랜드 가치 상승률 높은 15개 기업은 어디?
—

2016년 이후 브랜드 가치가 꾸준히 증가한 기업 중심으로 '브랜드 가치 상승률 높은 15개 기업'을 선정해봤다. 이들 15개 기업은 지난 4년간 브랜드 가치가 연평균 16% 증가했고, 주가도 3년간 연평균 27% 상승했다. 이들의 시가총액에서 브랜드가 차지하는 비중은 평균 11%로, 주식시장에서 브랜드가 핵심자산으로 인정받는다는 점을 보여준다.

브랜드 가치의 비중은 마이크로소프트 같은 B2B 중심 기업보다는 애플이나 아마존 같은 B2C 기업에서 더 높게 계산된다. 2019년 말 아마존의 브랜드 가치가 시가총액에 비해 유달리 낮다는 생각이 들었는데, 2020년 아마존 브랜드 가치는 전년 대비 60% 증가한 220조 원을 돌파했다. 코로나19로 인해 아마존은 애플과 마찬가지로 고객의 일상에 깊이 뿌리내렸기 때문에 앞으로 두 기업은 1위 브랜드 자리를 놓고 치열한 경쟁이 예상된다.

표 4-2 브랜드 가치 상승률 높은 15개 기업

인터브랜드 '베스트 글로벌 브랜드' 2020년 순위	기업	브랜드 가치	시가총액	브랜드 가치 / 시가총액	브랜드 가치 상승률 (2016~ 2020년 연평균)	주가 상승률 (2017~ 2020년 연평균)
1	애플	3,230억 달러	2조 2370억 달러	14%	16%	43%
2	아마존	2,010억 달러	1조 6350억 달러	12%	41%	49%
3	마이크로 소프트	1,660억 달러	1조 6,830억 달러	10%	23%	42%
4	구글 (알파벳)*	1,650억 달러	1조 1,910억 달러	17%	5%	15%
5	삼성	620억 달러	4,950억 달러	13%	5%	5%
6	페이스북**	350억 달러	7,700억 달러	5%	2%	16%
9	루이 비통 (LVMH)***	320억 달러	3,100억 달러	10%	7%	20%
15	나이키	340억 달러	2,200억 달러	15%	8%	15%
18	SAP	280억 달러	1,520억 달러	18%	7%	12%
27	어도비	180억 달러	2,400억 달러	8%	24%	41%
28	에르메스	180억 달러	1,110억 달러	16%	9%	19%
41	넷플릭스	130억 달러	2,380억 달러	5%	31%	39%
50	아디다스	120억 달러	680억 달러	18%	11%	13%
58	세일즈포스	110억 달러	2,040억 달러	5%	27%	37%
60	페이팔	110억 달러	2,840억 달러	4%	21%	38%
15개사 단순평균				11%	16%	27%

* 유튜브(브랜드 가치 173억 달러) 포함 시 1,823억 달러
** 인스타그램(브랜드 가치 261억 달러) 포함 시 610억 달러
*** 디오르(브랜드 가치 60억 달러), 헤네시(브랜드 가치 51억 달러), 인수 중인 티파니(50억 달러) 포함 시 481억 달러

소프트웨어 기반 브랜드 가치, 계속 상승

2020년 베스트 글로벌 브랜드 톱 10에 든 기업은 2019년과 변함이 없었다. 하지만 애플, 아마존, 마이크로소프트, 구글, 페이스북 같은 신경제 기업의 약진이 두드러졌고 코카콜라, 맥도날드 같은 구경제 기업은 브랜드 가치 하락이 이어졌다.

톱 5 브랜드는 모두 빅테크였다. 삼성이 공식 5위지만 페이스북은 인스타그램 포함 시 6위, 메신저, 왓츠앱 등을 모두 합하면 5위로 추정된다. 코로나19 사태를 계기로 클라우드 같은 IT, 소프트웨어를 기반으로 하는 서비스가 우리 생활의 중심이 되면서 빅테크외에 어도비, 넷플릭스, 세일즈포스, 페이팔, SAP 등 신경제 기업의 브랜드 가치는 계속 커갈 것이다. 세계 최대의 명품 브랜드 기업 LVMH는 브랜드 가치가 35조 원인 루이비통 외에 디오르, 헤네시, 티파니까지 포함하면 총 브랜드 가치가 53조 원으로 시가총액의 15%다.

한국 브랜드 중 글로벌 5위를 지킨 삼성의 저력이 대단하다. 토요타를 제치고 아시아 최고의 브랜드로 올라섰다. 애플과의 격차는 크지만 갤럭시 스마트폰이 삼성 브랜드의 핵심이다. 현대차도 브랜드 가치가 16조 원으로 시가총액 대비 34%다. 전 세계 자동차 업체 중 5위다. 정의선 회장이 공을 들여 재영입했다는 전 아우디 · 폭스바겐 · 람보르기니 · 벤틀리 수석 디자이너 루크 동커볼케(Luke

Donckerwolke) CCO(chief creative officer)가 현대차의 디자인을 획기적으로 업그레이드했다.

LG는 100대 글로벌 브랜드에 진입하지 못하고 있다. 만성 적자인 스마트폰이 아킬레스건이다. 현재의 경쟁력으로는 세계 스마트폰 시장에 설 땅이 없고, 가전만으로는 브랜드를 키우는 데 한계가 있어 보인다.

인터브랜드는 매년 '베스트 코리아 브랜드'도 발표하는데 게임 체인저(game changer) 브랜드가 흥미롭다. 이들 비상장사들은 디지털 전환을 무기로 신세계, 이마트, 롯데, 현대백화점, 주요 은행, 교보문고 같은 전통적인 강자들의 브랜드 가치를 빼앗아가고 있다.

쿠팡(종합 커머스), 배달의 민족(배달 O2O), 토스(핀테크), 마켓컬리(푸드 커머스), 야놀자(놀이/숙박 플랫폼), 무신사(패션 커머스), 직방(부동산 플랫폼), 쏘카(차량 공유), 리디북스(e북/구독), 와디즈(크라우드 펀딩)가 게임 체인저 브랜드들이다.[5] '무지하게 신발 사진이 많은 곳'이라는 뜻의 무신사는 국내 패션 온라인몰 1위 업체다. 700만 명이 넘는 회원 중 10~20대 비중이 70%가 넘는다. 2019년 미국의 유수 벤처캐피털 세쿼이아캐피털이 2,000억 원을 투자할 당시 기업가치는 2조 2,000억 원이었다. 현재 신세계의 시가총액이 2조 3,600억 원, 롯데쇼핑이 2조 8,900억 원, 현대백화점이 1조 5,700억 원이다.

무신사는 유난히 신발을 좋아하던 고등학교 3학년생이 2001년 온라인 커뮤니티에 운동화 마니아들을 위한 동호회를 만들면서 시작됐다. 회원들은 서로 운동화를 자랑하고 후기와 정보를 나눴다. 2조 2,000억 원이라는 기업가치는 단순히 온라인 쇼핑몰이 아니라 패션 콘텐츠와 트렌드 등 정보를 제공하는 아시아 패션 플랫폼으로의 성장 가능성을 인정받은 결과다.

신세계, 롯데, 현대백화점 전성기에는 지하철역 옆의 넓고 멋진 매장이 최고의 무기였다. 하지만 20년차의 무신사는 매장 없이 전통적인 강자들을 따라잡고 있다. 연매출(거래액)이 50% 증가해 2020년 1조 4,000억 원을 달성할 계획이다. 차별화된 디자인과 높은 '가성비'를 선호하는 10~30대가 충성도 높은 고객층이다.[6]

나이키 · 아디다스 약진, 자라 · H&M 약세

의류/신발 업종에서는 나이키와 아디다스 브랜드가 약진 중이고 스페인의 자라, 스웨덴의 H&M 등 패스트 패션 브랜드는 퇴조하고 있다. 나이키는 지난 4년간 연 8%씩 브랜드 가치를 키워 현재 38조 원의 브랜드 가치를 자랑한다. 지난 3년간 주가도 연 15% 올랐다.

나이키가 1990년대부터 사용하고 있는 슬로건 'Just do it'은 성취감이라는 코드를 통해 브랜드의 존재감을 확실히 각인시켰다. 이에 비해 독일의 아디다스는 품질은 좋으나 쿨한 요소가 없다는 평

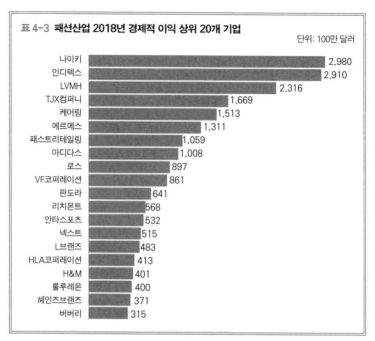

표 4-3 **패션산업 2018년 경제적 이익 상위 20개 기업**

단위: 100만 달러

기업	경제적 이익
나이키	2,980
인디텍스	2,910
LVMH	2,316
TJX컴퍼니	1,669
케어링	1,513
에르메스	1,311
패스트리테일링	1,059
아디다스	1,008
로스	897
VF코퍼레이션	861
판도라	641
리치몬트	568
안타스포츠	532
넥스트	515
L브랜즈	483
HLA코퍼레이션	413
H&M	401
룰루레몬	400
헤인즈브랜즈	371
버버리	315

출처: 맥킨지

가를 받았다. 하지만 몇 년 전부터 디자인이 바뀌고 소비자 반응이 좋아지면서 지난 4년간 브랜드 가치가 매년 11% 상승했다. 현재 브랜드 가치는 14조 원으로 상승 여력이 많아 보인다. 주가도 지난 3년간 연 13% 상승했다.

맥킨지가 매년 발표하는 의류패션 기업의 경제적 이익(economic profit, 회계상 이익에서 자본비용을 차감한 이익) 규모를 보면, 나이키가 1위이고 아디다스가 8위로 스포츠 브랜드 2개가 10위권에 포진해 있다. 럭셔리 브랜드 3사인 LVMH, 케어링, 에르메스도 10위권이다

(샤넬은 과거 재무제표 미공개로 제외). 패스트 패션 대표주자인 자라의 모회사 인디텍스는 2위를 유지했지만 H&M은 17위로 추락했다.[7] 인터브랜드에 의하면 2020년 자라의 브랜드 가치는 13%, H&M는 14% 하락했다. 자라는 2018년에 브랜드 가치가 꺾인 후 3년째 하락세다. H&M은 상황이 더 나빠 브랜드 가치가 급락 중이며 재고율도 상당히 높다.

유엔환경계획(UNEP)은 "의류 폐기물 재활용률이 1%도 되지 않는다"면서 "대부분의 옷이 그대로 버려지는 경향이 유지되면 2050년에는 세계 탄소 배출의 4분의 1이 패션산업에서 나올 것"이라고 경고했다. 이미 패션산업이 항공기와 선박을 합한 것보다 더 많은 탄소를 배출하는 것으로 밝혀져 ESG 의식이 높은 밀레니얼 세대들은 과거보다 패스트 패션 구매에 신중하다. 이런 추세는 결국 자라, H&M 등 패스트 패션 선두기업의 브랜드 가치 하락으로 이어질 것으로 보인다.[8,9]

대규모 R&D로 진입장벽 쌓는 기업

R&D 규모가 큰 IT 서비스 · 하드웨어, 제약 · 바이오 업종

베스트셀러《제로 투 원》의 저자이자 페이스북 최초의 투자자 피터 틸(Peter Thiel)은 "경쟁을 피하고 비즈니스를 독점하라"고 주장한 다.[10] 그는 강조한다. "경쟁은 패배자들의 것이다. 일반적으로 자본주의를 경쟁과 같은 개념으로 생각하지만 실제로는 반대의 말이다. 모든 뛰어난 기업은 독점이라는 점을 기억하라."

1999년에 핀테크의 원조 격인 페이팔을 공동창업했던 틸은 실리콘밸리에서 가장 영향력 있는 리더 중 한 명이다. 틸과 머스크는 2000년대 초 페이팔에서 CEO와 최대 주주 겸 고문으로 같이 일한 인연이 있다. 2002년 페이팔이 이베이에 매각돼 해피엔딩으로 끝났지만, 20년 전 두 사람은 실리콘밸리에서 유명한 라이벌 관계였다.[11]

2015년 한국을 방문했던 틸은 "위대한 기업은 경쟁하지 않는다.

독점적 지위를 가진 사업자가 위대한 기업"이라고 정의하면서 구글의 예를 들었다. "구글은 전 세계적으로(한국 등 일부 국가를 제외하고) 검색엔진을 독점하는 기업이다. 그 결과 지난 13년간 큰 성공을 거두고 많은 이익을 냈다."[12] 구글 지주사 알파벳은 2019년 매출액의 16%에 해당하는 29조 원을 R&D에 쏟아부었다. 알파벳의 목표는 92%에 달하는 검색엔진 시장 점유율을 유지하면서 자율주행, AI, 헬스케어 등 미래 핵심 분야를 선도하는 것이다.

구글뿐 아니라 아마존, 페이스북, 마이크로소프트, 애플 역시 뛰어난 인력과 수십조 원의 R&D 예산을 무기로 자신의 영역에서 독점을 하고 있다. IT 분야에서 미국과 확실히 디커플링하는 중국도 마찬가지다. 알리바바의 전자상거래 시장 점유율은 56%, 바이두의 검색엔진 시장 점유율은 76%다.

지금 이 순간에도 수많은 우량기업들이 대규모 R&D 투자를 통해 '창조적 독점'을 추구하라는 틸의 메시지를 실행하고 있다. IT 서비스 및 하드웨어, 제약/바이오, 자동차 업종의 R&D 투자가 특히 크다. 이들 업종의 선도기업은 R&D에 매년 수십조 원을 투자해 미래 성장 동력을 확보하고, 다른 기업들이 따라오지 못하도록 진입장벽을 쌓고 있다.

로슈, 머크 같은 제약/바이오 기업은 매출액 대비 R&D 지출이 매우 높다. VW, 다임러 벤츠, 토요타 등 완성차 업체는 설비 투자 외에 매년 수조 원 이상의 R&D 투자를 해왔다. 5년 전만 해도 VW가 세

표 4-4 **업종별 4대 R&D 투자 기업**

순위	제약/바이오	자동차	IT 서비스	IT 하드웨어
1	로슈	폭스바겐	아마존	삼성
2	존슨앤존슨	다임러	알파벳/구글	화웨이
3	머크	토요타	마이크로소프트	애플
4	노바티스	포드	페이스북	시스코

출처: 유럽연합 집행위원회(EU Commission)

계 1위의 R&D 투자 기업이었다. 내연기관의 성장성은 떨어지는데 자금 수요는 많으니 자동차 업계는 마진 압박을 받을 수밖에 없었다.

맥킨지에 의하면 2019년 전 세계적으로 R&D 투자는 2조 3,000억 달러에 달했다. 이 중 절반은 정부, 학교가 사용했고 나머지 절반은 민간 주도였다. R&D 기준 세계 100대 기업이 전 세계 민간 부문 R&D 투자의 절반을 차지한다. 일부 상장사는 매출액에 비해 높은 비율로 R&D에 투자한다고 자랑하지만, R&D에서 핵심 포인트는 R&D 절대 금액과 치밀한 기획이다.

한국은 GDP 대비 R&D 투자 비율에서 이스라엘과 함께 세계 1, 2위를 다투지만 절대 규모는 세계 5위이고 삼성전자 의존도가 높은 것이 흠이다. R&D 규모에서 세계 50위 안에 드는 한국 기업은 삼성전자밖에 없는 것이 우리의 현실이다.

R&D 예산이 신제품 개발과 핵심 역량 강화라는 성과로 이어지기 위해서는 치밀한 기획이 필요하다. 기술혁신이 기업가치 증가를

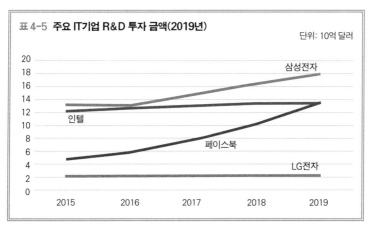

표 4-5 **주요 IT기업 R&D 투자 금액(2019년)** 단위: 10억 달러

출처: 각 사

유도한다는 공감대가 형성될 때 R&D는 비로소 전사적 미션을 달성할 수 있다.

거대한 R&D 투자로 '초초격차' 구축하는 기업들

2019년 기준 삼성전자는 매출액의 6.4%, LG전자는 3.8%를 R&D에 투입했지만 양사의 R&D 지출 금액은 8배 이상 차이가 난다. 삼성전자의 2019년 매출액 230조 원이 LG전자의 62조 원을 압도했기 때문이다. 삼성전자는 2019년 무려 20조 원을 R&D에 사용해 아마존, 알파벳에 이어 세계 3위를 차지했다. 유럽연합 집행위원회도 IT 하드웨어 부문에서 삼성전자가 애플과 화웨이를 제치고

R&D 투자 1위를 지켰다고 발표했다. 삼성전자는 2019년에 국내 특허 5,075건, 미국 특허 8,729건을 취득해 전 세계적으로 18만 건이 넘는 특허를 보유하고 있다. R&D가 삼성전자의 초격차 리더십의 바탕이다. 인텔의 R&D 투자 금액이 120~130억 달러에서 수년째 정체 중인 것도 최근 인텔의 경쟁력 약화와 무관하지 않다. 오랜 기간 반도체 업계의 왕좌를 지켰던 인텔이 서버/PC용 CPU 시장에서 AMD의 맹추격을 받고 있다. 인텔이 약한 모바일 반도체에서는 엔비디아가 ARM 인수를 통해 차세대 반도체 시장에서의 영향력을 더욱 확대할 것이다.

페이스북의 R&D 투자가 4년간 182% 증가한 사실을 주목해야 할 것이다. 2019년 기준 136억 달러를 투자한 페이스북은 세계 15위권으로 거뜬히 진입했다. 소프트웨어 기업이 대부분인 IT 서비스 부문은 세계 최대의 R&D 투자 기업들이 집중돼 있다. 알파벳은 2019년에 260억 달러를 투자해 2위를 차지했다.

알파벳, 페이스북 같은 플랫폼 기업은 매출액의 무려 15~20%를 R&D에 투자해 '초초격차'를 만드는 중이다. 아마존은 R&D 투자도 압도적인 1위다. (콘텐츠 투자가 일부 포함돼 있지만) 2019년 아마존은 359억 달러의 R&D 지출을 했다. 3년 사이에 2배 이상 증가한 금액이다. 베이조스가 비싼 값에 M&A를 하는 것을 싫어해서 자체적인 R&D 능력을 키우는 데 집중한다고 한다. 플랫폼 기업들은 AI, 클라우드, 사물인터넷(IoT) 등 미래의 산업에 R&D를 집중하고 있다.

헬스케어, 증강현실, 자율주행에 18조 원 투자한 애플

2019년 애플은 R&D에 162억 달러(약 18조 원)를 투자했다. 사업 포트폴리오가 훨씬 다양한 삼성전자와 불과 2조 원밖에 차이가 나지 않는다. 그동안 주주들은 애플이 아이폰, 아이패드 등 IT 기기를 업그레이드하는 데 너무 많은 R&D 비용을 사용한다고 불만이 많았다. 하지만 최근 1년 사이 애플은 R&D 성과를 많이 보여줬다.

2020년 11월에는 자체 개발한 반도체 M1을 탑재한 맥북 시리즈를 공개했다. 성능이 대폭 향상되고 배터리 효율성도 최대 3배까지 개선됐다고 한다. 애플은 지난 15년간 인텔 칩을 사용했으나 IT 기기마다 인공지능이 탑재되는 미래를 내다보고 반도체를 자체 개발한 것으로 보인다. 물론 애플은 반도체를 직접 생산하지 않고 파운드리 부문 세계 1위인 TSMC에 위탁한다.

애플의 특허 리스트를 보면 애플워치, 에어팟 등 웨어러블 기기 중심으로 헬스케어/피트니스, 증강현실(AR)/가상현실(VR), 머신러닝을 응용한 자율주행에 R&D 역량을 집중한다. 애플이 자율주행 전기차 개발에 관심 있는 것은 맞으나 20%가 넘는 영업이익률 대비 수익성이 4분의 1 수준인 자동차 하드웨어 생산에 뛰어들 가능성은 없다. 애플은 서비스 매출을 늘리는 플랫폼 관점에서 접근할 것이다. 알파벳도 2020년에 스마트워치 업체 핏빗(Fitbit)을 21억 달러에 인수해 웨어러블 기기 시장에 뛰어들었다.

표 4-6 세계 30대 R&D 투자 기업(2018년 기준)*

단위: 100만 유로

1. 알파벳(미국)
2. 삼성전자(한국)
3. 마이크로소프트(미국)
4. 폭스바겐(독일)
5. 화웨이(중국)
6. 애플(미국)
7. 인텔(미국)
8. 로슈(스위스)
9. 존슨앤존슨(미국)
10. 다임러(독일)
11. 페이스북(미국)
12. 머크(미국)
13. 토요타(일본)
14. 노바티스(스위스)
15. 포드(미국)
16. BMW(독일)
17. 화이자(미국)
18. 제너럴모터스(미국)
19. 혼다(일본)
20. 보쉬(독일)
21. 지멘스(독일)
22. 사노피(프랑스)
23. 시스코(미국)
24. 브리스톨 마이어스 스퀴브(미국)
25. 오라클(미국)
26. 바이엘(독일)
27. 퀄컴(미국)
28. 알리바바(중국)
29. 아스트라제네카(영국)
30. 애브비(미국)

*아마존은 콘텐츠 투자가 R&D에 포함돼 집계에서 빠짐.
출처: 유럽연합 집행위원회

팀 쿡이 헬스케어를 자주 언급하는 것을 보면 애플 생태계의 10
억 고객을 중심으로 고혈압, 심장질환, 자외선 측정 등 건강 관련
'서비스' 사업을 시작할 것 같다. 애플은 충성심 강한 고객을 기반
으로 초격차를 유지하고 있다.

5장

—

피해야 할
기업

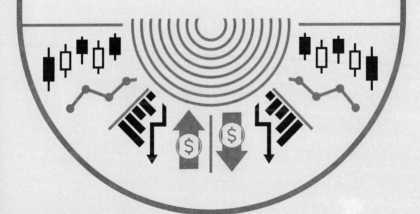

화려한 사옥을 짓는 기업

월가에 '신사옥의 저주(curse of the new HQ)'라는 말이 있다. 기업 가치 제고에 전력을 기울여야 하는 기업이 호화로운 사옥을 지으면 경계해야 한다는 얘기다. 아무래도 경영진의 포커스가 떨어지고 전사적으로 힘이 분산되기 때문이다. 한국 재계 역사를 봐도 과도한 사옥이나 본업과 무관한 부동산, 골프장, 호텔을 매수하기 시작하면 기업이 망가지는 경우가 많았다.

한동안 여의도의 랜드마크였던 쌍용투자증권 빌딩은 쌍용그룹 창업자 김성곤 회장의 셋째 아들인 김석동 사장이 정성 들여 1995년 완공한 첨단 사옥이었다. 지금은 주인이 바뀌어 '신한금융투자' 간판이 걸려 있다. 타 건물과 다른 독특한 구조 덕분에 당시 재계 순위 7위의 쌍용그룹 신입사원들이 견학을 와 사세를 체험했다는 얘기도 있다. 그러나 3년 후 쌍용투자증권은 자금난 때문에 외국인에게 사옥을 매각할 수밖에 없었다. 1999년에는 쌍용투자증권도 미국계 사모펀드에 팔렸다.

외국 투자자들이 한국에서 기업을 방문할 때 사장이 "우리 회사가 요즘 돈 많이 벌어서 새 건물 짓는 중입니다. 내년에 꼭 신사옥 방문하세요"라고 자랑하면 인상이 찌그러진다. 30여 년 전 외국 투자자들은 을지로에 있던 동국제강과 광화문에 있던 강원산업을 방문하면 흥분했다. 좁은 계단에 30~40년 된 구식 건물이라 돈을 낭비하지 않는 기업문화를 느낄 수 있었기 때문이다.

사옥과 관련해 가장 양심 불량인 케이스는 오너 개인이 소유한 빌딩에 회사가 세입자로 들어가 시세보다 높은 임대료를 내는 경우다. 물론 기업 규모가 커지면 사옥이 필요하고 사옥을 소유하면 장점도 많다. 직원들이 자부심을 갖게 되고 공간을 잘 활용하면 커뮤니케이션이 활발해지며 생산성도 올라간다. 하지만 외화내빈을 경계해야 한다.

미국에서도 큰 사옥을 짓고 세를 과시하다 몇 년 후 망하거나 쇠퇴의 길을 걷는 경우가 많았다. 2008년 금융위기 때 자금난으로 JP모건에 팔린 베어스턴스(Bear Stearns)도 2002년 3,000억 원 이상이 소요된 맨해튼의 신사옥에 입주해 잠시 세를 과시했다. 구글과의 경쟁에서 밀려 2017년 버라이즌(Verizon)에 매각된 야후도 유사한 케이스다. 2008년에 마이크로소프트가 제안한 매각 건이 창업자 제리 양(Jerry Yang)의 반대로 무산되자 침체된 회사 분위기를 일신하고자 실리콘밸리의 노른자 땅 위에 사옥을 지었다. 하지만 사세는 계속 기울어 입주 후 6년 만에 회사를 매각하는 지경에 이르렀다. 마이크로소프트로부터 제의를 받고 2017년 버라이즌에 매각하기까지 9년 사이에 야후 주가는 약 90% 하락했다. 미국의 유력 언론사 〈뉴욕타임스〉도 무리해서 맨해튼 요지에 52층짜리 거대 사옥을 지었다. 2007년에 준공한 후 자금난이 닥쳐 2년 후 투자 금액(8억 5,000만 달러)의 절반도 안 되는 가격에 매각했다. 지금은 같은 건물에 세입자로 들어 있다.

한국에서 가장 아름다운 사옥을 가진 아모레퍼시픽

용산에 있는 아모레퍼시픽 사옥은 영국의 세계적인 건축가 데이비드 치퍼필드(David Chipperfield)의 작품이다. 백자 항아리의 단아하면서도 절제된 이미지에서 영감을 받았다고 한다. 2017년 치퍼필드는 "신사옥이 단지 일하는 공간이 아니라 지역사회에 기여하기를 바라는 서경배 회장의 생각에 공감했다"라고 말했다.

아모레퍼시픽 사옥을 방문하면 건물의 아름다움과 개방성에 감탄을 금치 못한다. 2014년 회사의 공시를 보면 3년간 5,200억을 투자해 2017년에 완공한다고 했다. 5,200억 원이면 자기자본의 20%에 해당하는 매우 큰 금액이었다. 토지 매입비와 세금 등 부대비용을 합하면 건축비용은 더 올라간다.

우연인지 모르겠지만 아모레퍼시픽은 2016년에 사상 최고의 영업이익 8,481억 원을 달성한 뒤 4년째 수익이 급락 중이다. 한국 최초의 금융정보 제공업체 에프앤가이드에 의하면, 애널리스트가 추정하는 2020년 영업이익은 1,918억 원에 불과하다. 초심을 잃은 탓인지 용산

그림 5-1 **아모레퍼시픽 용산 사옥**

신사옥 프로젝트는 경영 성과의 변곡점이었다.

신임 김승환 대표는 2020년 12월 개최한 간담회에서 "오프라인 유산을 내려놓겠다"며 변화를 예고했다. 2017년부터 화장품 업계는 디지털화, (특히 중국에서) 프리미엄화라는 큰 변화를 겪었는데 아모레퍼시픽은 이에 대처하지 못했다. 경쟁사인 LG생활건강은 매분기 이익을 갱신했고 2020년 아모레퍼시픽의 6배에 달하는 영업이익을 달성한다고 한다.

아모레퍼시픽은 몸집을 가볍게 할 필요가 있다. 총자산에서 유형자산이 차지하는 비중이 무려 44%다. 해외 경쟁사인 시세이도는 26%, 로레알은 8%, 에스티로더는 13%다. 유형자산에는 사옥 등 부동산이 모두 포함된다. 2021년에는 브랜드 강화 및 디지털 전환, 이

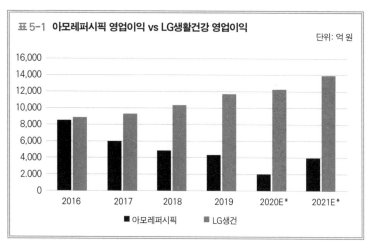

표 5-1 아모레퍼시픽 영업이익 vs LG생활건강 영업이익

단위: 억 원

*2020년과 2021년은 컨센서스 추정치
출처: 각 사

니스프리 중국 매장 170개 폐쇄 등 고정비를 줄이겠다고 하니 아모레퍼시픽 경영진에 기대해보겠다.

한국전력 부지 입찰한 현대차그룹

신사옥과 관련해 국내에서 가장 큰 해프닝은 2014년 서울 삼성동에서 있었다. 현대차그룹이 신사옥 글로벌 비즈니스센터(GBC) 건립을 위해 10조 6,000억 원에 한국전력 부지를 매입하기로 한 것이다. 감정가 3조 3,000억 원 대비 217%의 프리미엄에, 두 번째로 높은 가격을 제시한 삼성전자 입찰가의 2배에 달하는 금액이라고 했

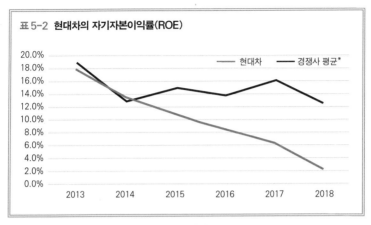

표 5-2 **현대차의 자기자본이익률(ROE)**

*경쟁사 평균은 일본, 유럽, 미국의 대표적인 완성차 업체 평균
출처: 엘리엇 매니지먼트

다. 부지 매입 발표 이튿날 현대자동차, 기아자동차, 현대모비스의 주가는 각각 8~9% 하락했다.

현대차그룹 관계사들이 2027년 입주할 GBC는 105층 규모로 업무시설 외에 숙박시설, 문화공연장 등이 들어선다. 주주 입장에서 다행인 것은, 현대차그룹 자체 개발이 아닌 국부펀드, 연기금 등 외부 투자자를 유치해 GBC를 공동개발하는 방향으로 전략을 바꾼 것이다. 2019년 5월 정의선 회장은 "삼성동 부지는 미래 가치가 높지만 핵심사업인 자동차 분야에 주력하기 위해 특수목적법인(SPC)을 설립하고 투자자들을 유치해 공동개발을 하려는 것"이라고 말했다. 2020년 말부터 정의선 회장 체제의 화두로 떠오르는, 기존의 105층을 50~70층 건물 2~3개로 바꾸는 안은 실리를 추구한다는 측면에서 환영할 만한 일이다.

부지 매입가격이 높아서 채산성이 맞지 않는지 외자 유치가 쉽지는 않다고 한다. 아이러니하게도 현대차는 한전 부지를 낙찰받은 2014년부터 자기자본수익률이 급락하다가 GBC 공동개발을 발표한 2019년에 수익성이 저점을 찍었다.

빚이 많은 기업

짐 로저스가 투자한 대한항공

2009년에 싱가포르 정부 초청으로 세계 3대 투자가 중 한 명으로 불리는 짐 로저스(Jim Rogers) 부부와 함께 저녁식사를 할 기회가 있었다. 당시 싱가포르는 전문직을 가진 영주권자에게 시민권을 부여하는 데 매우 적극적이었다. 그런 목적으로 우리 부부를 포함해 현지에 거주하던 외국인 몇 커플을 초대한 것이었다.

로저스는 2007년 미국에서 가족과 함께 싱가포르로 이주해 화제를 뿌렸다. 그는 이제 곧 '아시아의 세기'가 전개되는데 당시 초등학생이던 두 딸이 중국어를 배우고 중국인의 사고방식과 생활습관을 익히는 것이 바람이라고 했다. 베이징이나 상하이는 공해 문제가 심각해 고려하지 않았다고 한다.

로저스 가족의 싱가포르행이 화제였던 이유는 그가 1970년대 조지 소로스와 퀀텀펀드(Quantum Fund)를 공동운용하면서 거둔 전무후무한 성과 때문이다. 1969년부터 10년간 4,200%라는 경이적인 수익률을 올리며 두 사람은 월가의 전설이 된다. 로저스는 37세에 은퇴를 선언하고 공산당이 독재하던 중국을 포함해 세계 일주를 수차례 다녀 기네스북에 오르기도 했다.

그날 저녁 싱가포르 호텔 식당에서는 로저스의 여행 얘기가 화제였다. 예일대학교와 옥스퍼드대학교에서 공부한 그는 역사, 문화 등 지식의 폭과 깊이에서 상상을 초월했다. 그의 책에서 읽었던 글귀, "투자를 성공시키기 위해서는 역사를 배워라. 역사는 세계가 늘 변화하고 있음을 가르쳐준다"가 생각난다. 우리 부부가 한국인이어서 화제가 한국으로 바뀌자 그는 한국 재래시장에서 번데기와 지네를 본 얘기를 넉살 좋게 해 우리 테이블을 웃음바다로 만들었다.

2019년 국내에도 출간된 《세계에서 가장 자극적인 나라》를 보면 로저스는 한국을 아시아에서 가장 매력적인 나라로 손꼽는다. 그는 남북이 통일되면 저출산과 고령화를 포함해 한국 경제가 안고 있는 문제가 전부 해결된다고 주장한다.

그는 한국 주식은 상장지수펀드(ETF)와 대한항공을 보유하고 있다면서 "대한항공은 한국의 관광산업에 장래성이 있다고 보기 때문이고, 반면 한국을 대표하는 삼성(전자)의 주식은 그렇게 매력적이지 않다"고 했다.

빚 많은 기업은 주가 상승 어려워

로저스가 보유했던 대한항공은 지난 2년간 모습이 많이 바뀌었다. 물론 코로나19로 전 세계 항공사가 어려움을 겪는 것은 사실이지만, 대한항공은 2020년과 2021년에 주주들에게 돈을 달라고 했다. 2020년에 1조 1,269억 원 규모의 유상증자를 했고 2021년 초에는 아시아나 인수와 빚 상환 목적으로 2조 5,000억 원의 증자를 추진 중이다.

펀더멘털을 중시하는 투자자들은 유상증자를 매우 싫어한다. 우량기업은 증자를 하지 않는다. 만약 두 차례의 유상증자 목적에 동의하지 않아 로저스가 참여하지 않았다면, 대한항공의 미래이익과 배당에 대한 그의 권리는 2년 전보다 73% 희석화된다.

2020년 대한항공 유상증자에 참여한 주주의 납입 대금은 부실덩어리인 미국 현지 법인 한진인터내셔널에 대여된 것으로 추정된다. 대한항공이 '채무상환용'이라고 공시한 유상증자 자금 1조 1,269억 원이 2020년 7월에 납입됐고, 2개월 후인 9월에 1조 1,154억 원이 한진인터내셔널에 대여됐다. 1조 1,154억 원은 대한항공 자기자본의 3분의 1에 해당하는 규모다.

LA에서 윌셔그랜드호텔 및 빌딩 임대사업을 영위하는 100% 자회사 한진인터내셔널은 코로나19 이전에도 매년 1,000억 원 이상 적자가 발생했다. 2020년 3분기에는 3,924억 원의 자산가치 손실

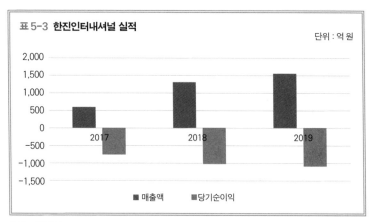

표 5-3 한진인터내셔널 실적

단위 : 억 원

- 매출액 ■당기순이익

출처 : 대한항공

을 겪었다. 물론 이 손실은 대한항공 재무제표에도 반영됐다.

한진인터내셔널은 2019년 1조 5,000억 원의 총자산으로 겨우 1,604억 원의 매출을 올렸다. 정상적인 기업이라면 총자산의 70~100%가 매출이어야 하는데 한진인터내셔널은 겨우 10%였다. 자회사의 빚은 대한항공이 전부 책임져야 할 것으로 판단된다.

빚이 많은 나라나 기업은 항상 비참한 최후를 맞았다. 개인도 빚이 너무 많으면 원금 상환은 꿈꾸지도 못하고 돈을 빌려 겨우 이자를 갚는다. 대한항공이나 아시아나처럼 빚이 너무 많은 기업은 채무 상환이 본격화되기 전까지는 주가 상승이 불가능하다. 아시아나는 빚이 너무 많아서 실질적인 주주가치는 없다고 보인다.

내수시장에서 장사하는 기업

내수시장 고객은 대한민국 인구

빌 게이츠는 "사람들은 2~3년 후 벌어질 소소한 일에는 과잉반응하고 10년 후 일어날 큰 변화에는 둔감하다"라는 지적을 했다. 기술혁명과 사회구조의 변화는 투자의 패러다임을 바꾼다. 한국에서는 인구 감소, 고령화, 전자상거래 확산이 그동안 꾸준히 전개된 변화의 흐름이었다. 이런 현상들은 가속화될 것이고 주가는 10~20년 후의 대한민국 미래를 끊임없이 반영하려고 할 것이다.

인구는 중장기적으로 증시에 큰 영향을 미치는 변수다. 인구는 내수시장의 규모를 의미하고, 사람은 회사의 핵심 자산이다. 전쟁 등 특수 상황을 제외하고 반세기 동안 출생아 수가 70% 이상 줄어드는 나라는 인류 역사상 한국이 처음이다. 더 겁나는 것은 출생아 수 감소율이 가속화되고 있다는 점이다. 2020년에도 11%나 줄었다. 2020년 혼인 건수는 1981년 통계 작성 이래 가장 적었다.

젊은이들이 미래를 걱정하니 결혼도 못하고 아이를 낳지 않는 것이다. 저출산은 경제활동 인구 감소 및 소비 위축으로 이어져 내수산업의 기반이 위협을 받을 것이다. 2040년부터는 인구의 3분의 1이 노년(65세 이상)인데 한국인은 50대부터 소비가 줄기 시작해 60대가 되면 급격히 위축되는 소비 패턴을 가졌다. 이미 소비, 유통, 통신, 금융 같은 내수기업의 주가는 이런 추세를 반영하고 있다. 수출로 다변화하지 않는 내수기업의 주가는 앞으로 더욱 심한 타격을 입을 것이다.

일반적으로 선진국에 진입하면 경제구조상 GDP에서 소비 비중이 자연스럽게 증가한다. 미국은 GDP 중 민간 소비가 차지하는 비중이 68%, 영국은 65%로 유달리 높고, 일본(55%), 독일(52%), 프랑스(54%) 등 다른 선진국은 50%를 상회한다. 지난 50년간 미국은 자본주의와 시장경제가 발달하면서 1인당 소득이 2배 이상 증가했고 민간 소비는 3배 가까이 늘었다. 소비보다는 저축을 택하는 국민성으로 유명한 독일도 민간 소비 비중이 50%를 넘는다.

한국은 GDP에서 민간 소비가 차지하는 비중이 2002년 56%에서 정점을 찍고 계속 하락해 최근 48~49% 수준까지 떨어졌다. 통상 경제가 성숙할수록 투자 비중이 줄고 민간 소비 비중은 늘어나는데, 한국은 민간 소비와 투자 비중이 동반 감소하는 대신 정부 비중이 커지는 기형적인 모습이 나타나고 있다. 2020년에는 코로나

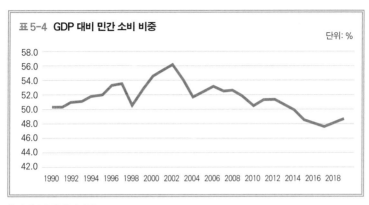

표 5-4 GDP 대비 민간 소비 비중

단위: %

출처: 한국은행, 국민 계정

19의 영향으로 개인들이 소비를 더 줄이고 저축을 늘렸다고 한다. 민간 소비의 위축은 미래에 대한 불안과 가계 부채 때문이다.[1]

의료, 교육, 유통, 통신, 금융 등 내수시장을 대상으로 장사하는 기업들은 고객 수가 정해져 있다. 여기서 고객 수는 대한민국 인구다. 출생아 수가 전년보다 11% 감소한 반면 사망자 수는 늘어 2020년은 인구가 자연 감소하는 최초의 해가 됐다. 1960년대에는 매년 100만 명의 신생아가 태어났다. 1980년대에 80만 명대로 떨어지더니 2000년대 초 60만 명 이하로 떨어진 후 급락했다. 2010년에 47만 명, 2020년에는 겨우 27만 명이었다.[2]

'인구 절벽' 현상도 문제지만 결혼하는 젊은이들이 감소하는 것도 심각하다. 통계청은 "혼인하는 주 연령층인 30대 여성 인구가 계속 줄어든 데다 코로나19 여파로 결혼식이 연기된 것도 혼인 건수 감소에 영향을 미친 것 같다"고 설명했다.

내가 사외이사를 했던 M사가 몇 년 전 본사를 판교로 옮겼다. 대표이사는 IT 분야 엔지니어를 영입하기 위해서는 연구소가 수도권에 있어야 한다고 이전 이유를 설명했다. 인구 변화는 그 사회가 겪고 있는 문제를 보여준다. 조영태 서울대 보건대학원 교수는 25~34세의 56%가 수도권에 몰려 사는 현상에서 초저출산의 이유를 찾는다. 청년 인구가 수도권에 과도하게 집중돼 있다는 얘기다. 그는 "인류가 시작된 이래 절대 사라지지 않는 2가지 기본적 본능이 있는데, 생존 본능과 재생산 본능이다. (인구) 밀도가 높아 사람들 사이에 경쟁이 심하면 사람들은 이 2가지 본능 중 뭘 선택할까? 당연히 생존 본능이다"라고 설명한다. 수십 년에 걸쳐 진행된 인구와 자원의 수도권 집중, 서울에 가야만 성공한다는 획일적 가치관이 지금의 초저출산 사회를 만든 것이다.[3]

한국과 일본은 제품을 만들어 수출은 많이 하지만 두 나라 모두 사회적으로 아직 개방되지 않은 나라다. 한국인은 사고가 유연하고 변화를 잘 수용하는 편이지만 일본과 더불어 세계에서 드문 단일(homogeneous) 민족이다. 싱가포르나 홍콩 같은 도시 국가는 외부 인구 유입도 많지만 젊은이들이 해외로 많이 진출한다.

한국이 세계 최저의 출산율과 고령화에 따른 인구의 자연 감소를 극복하는 유일한 길은 외국인을 받아들이는 것이다. 미국, 캐나다, 영국, 싱가포르처럼 한국 사회도 외국인에 대해 마음을 열면 다양한 생각, 새로운 비즈니스 및 자본이 유입될 수 있다. 하지만 지난

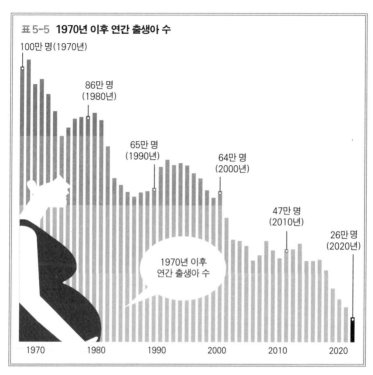

표 5-5 1970년 이후 연간 출생아 수

100만 명(1970년)

86만 명
(1980년)

65만 명
(1990년)

64만 명
(2000년)

47만 명
(2010년)

26만 명
(2020년)

1970년 이후
연간 출생아 수

1970   1980   1990   2000   2010   2020

출처: 〈조선일보〉

4~5년간 연세대에서 수백 명의 외국인 제자들을 대상으로 진로 상담을 한 결과 이는 어려운 일임을 깨달았다.

우리 기업들은 세계화를 외치지만 실제 일하는 방식은 여전히 한국적이다. 우리말도 잘하고 한국에 익숙한 외국인들도 한국 기업에 적응하기가 쉽지 않은 것이 현실이다. 안타깝게도 우리는 인구절벽을 막을 해법도 없고 외국인과 더불어 사는 사회로의 전환도 쉽지 않다. 투자 시 내수시장의 한계를 꼭 참고하길 권한다.

디지털 전환에 실패하면 미래는 없다

우리 동네에 있던 작은 규모의 롯데마트가 얼마 전 폐점했다. 평소 손님이 워낙 없어서 점포 수익성이 좋지는 않겠다고 짐작은 했다. 국내 유통업체들은 지난 몇 년간 매우 어려웠다. 극히 부진한 주가가 이를 반영한다. 고객 중 20~30대는 취업이 어려운 데다 취업을 해도 소득이 높지 않아 빚도 많고 소비를 자제했다. 자산이 많은 40대 이상은 평균 수명이 길어지면서 불안감에 소비를 억제했다. 게다가 쿠팡, 네이버, 카카오 등 온라인 모바일 기반의 신흥 유통 플랫폼 업체들이 빠르게 시장을 잠식하고 있다.

국내 최대의 유통 포트폴리오를 거느린 롯데그룹은 2020년 최악의 실적을 기록했다. 2020년 초에는 700여 개 매장 중 30%에 해당하는 200여 곳을 5년 이내에 닫겠다고 발표했다가 실적 악화로 당초 일정을 2년 내로 확 앞당겼다. 그룹 임원 수도 20% 줄인다고 발표했다. 이런 조치는 비용 절감과 조직에 긴장감을 불어넣는 효과는 있겠지만 백화점, 대형 마트, 슈퍼, 편의점 등 거대한 유통망을 디지털화하는 작업과는 무관하다. 새로 선보인 롯데온도 뚜렷한 성과를 내지 못하고 있다.

롯데쇼핑은 10년 전 시가총액이 12조 원을 넘었으나 지금은 2조 8,900억 원이다. 그동안 롯데쇼핑을 비롯해 신세계, 현대백화점의 시가총액이 전자상거래 업체 시가총액으로 이전됐다. 쿠팡은 이미

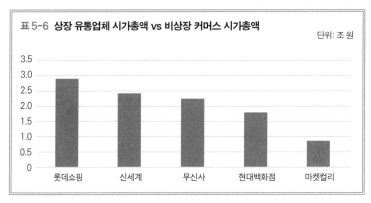

표 5-6 상장 유통업체 시가총액 vs 비상장 커머스 시가총액

단위: 조 원

*무신사와 마켓컬리는 최근 펀딩 시 기업가치 기준

멀리 앞서갔고 마켓컬리, 무신사 등의 시가총액도 앞서고 있거나 추격 중이다. 디지털 전환에 성공하지 못하면 시가총액은 더욱 감소할 것이다.

2020년 12월 신동빈 회장을 포함한 150여 명의 롯데 경영진이 마켓컬리 창업자인 김슬아 대표의 강연을 들었다. 유통업 경력이 35년이나 앞서는 롯데가 2014년도에 창업한 온라인 유통 스타트업에게 한 수 배우는 자리였다. 김슬아 대표는 "고객의 신뢰를 얻는 것이 최고의 지향점"이라는 메시지를 전했다고 한다.[6] '새벽 배송'의 전도사 김 대표의 강연은 경제경영에 관심 있는 사람이라면 특별할 게 없었다. 인터넷 검색으로도 쉽게 접할 수 있는 내용이고 베이조스가 아마존 창업 후 매일 외치는 "경쟁사에 신경 쓰지 말고 고객 만족에 전력을 기울이자"는 주장과 일치한다. 조직의 체질 개선을 위해서는 김슬아 대표의 강연을 듣는 것보다 모바일 앱을 이용해 국내외 온라인 강자들의 플랫폼을 매일매일 직접 '경험'해보는 것이 효과적일 것이다.

얼마 전 '카카오톡 선물하기'를 처음 사용해봤는데 전통적인 유통업체가 카카오, 네이버 같은 플랫폼 업체를 이기기 불가능하다는 느낌이 들었다. 사회적 거리두기 강화로 연말 모임이 어려워지니 내가 속한 OB모임에서 회원들에게 선물을 보내자는 아이디어가 나왔다. 회원 60여 명의 주소를 어떻게 받아서 선물을 발송하나 걱정했는데 젊은 총무가 카카오커머스의 '선물하기'를 이용하자고 했다. 앱에 올라와 있는 다양한 선물 중 하나를 골라 카카오톡을 이용해 보내니 아주 쉽고 간편했다. '카카오톡 선물하기'에는 명품선물관도 입점해 있는데 2020년 명품 거래액이 전년의 2배가 넘는 2,400억 원에 이를 것이라 한다. 누구나 손쉽게 접근할 수 있는 카카오톡 모바일 플랫폼에 우리는 점점 더 길들여지고 있다.

월마트의 부활을 배워라

사람은 잘 변하지 않는다. 사람이 운영하는 조직도 쉽게 변하지 않는다. 그러나 사람과 조직이 바뀌어야 디지털 전환에 성공할 수 있다. 국내외 CEO들은 인력 확보 문제가 디지털 혁신의 가장 큰 걸림돌이라고 지적한다. 하지만 디지털 인력을 채용하고 근무 조건을 유연화해도 기존 조직의 DNA가 남아 있어 전사적 디지털 혁신에 걸림돌이 된다.

월마트처럼 외부 전문기업을 M&A하는 전략이 비싸지만 좋은 결과를 가져다줄 수도 있다. 나이키, 로레알, 에스티로더, LVMH, 케어링처럼 빅데이터를 기반으로 고객이 원하는 바를 일찌감치 파악해 제품 차별화에 성공한 케이스는 많지 않다. 나이키는 선제적으로 온라인 유통채널에 공을 들여 자신감이 생긴 후 2019년 아마존에 납품 중단을 통보하기도 했다.

월마트는 2020년 2분기 전자상거래 매출이 전년 동기 대비 97% 증가한 데 이어 3분기에도 79% 늘었다. 미국 전자상거래 시장에서 부동의 1위인 아마존(시장점유율 39%) 다음으로 2위(6%)를 차지했다. 애널리스트들은 2019년에 전자상거래에서만 1조 원 이상의 적자가 발생했다고 추정하지만 월가는 월마트의 디지털 변신에 환호했고 주가도 화답했다.

월마트는 2016년 아마존 킬러라는 별명을 갖고 있던 전자상거래 업체 제트닷컴을 무려 33억 달러에 인수했다. 그 외에도 전자상거래 업체 여러 개를 인수해 총 4조 원가량을 M&A에 사용했다. 인수 후에는 오프라인 점포를 잘 활용해 '옴니 채널'을 강화한 것이 월마트의 전자상거래 성공 요인이다.

정용진 신세계그룹 부회장이 뒤늦게 "월마트의 부활을 배워라"라는 특명을 내린 것은 자체적인 디지털 전환이 어렵다는 사실을 인정한 셈이기도 하다. 미국의 최근 서베이에 의하면, 코로나19로 디지털 전환 관련 지출이 크게 증가하긴 했지만 63%의 기업은 아직 명확한 디지털 전략을 수립하지 못했다.

정부의 간섭을 받는 기업

중국 공산당 소유 은행보다 평가 못 받는 한국 금융지주사

중국 증시가 개방된 후 외국인 투자자의 참여가 증가했지만 항상 외면을 받은 업종이 있다. 중국 정부가 대주주로 있는 4대 은행이다. 자산 규모 기준으로 세계 최대 은행인 중국공상은행 외에 중국건설은행, 중국농업은행, 중국은행이다.

배당수익률이 6~8%로 매우 높고 2020년 예상 PER이 4~5배로 주가가 저렴해도 인기가 없다. 외국인 투자자들은 이들 4대 은행이 중국 공산당이 경영권을 통제하고 계획경제의 수단으로 이용하고 있다고 생각하기 때문이다.

금융 주식의 매력도는 주가가 순자산 가치 대비 몇 배에 거래되는지를 나타내는 PBR을 사용해 평가한다. 미국의 우량 은행인 JP모건은 PBR이 1.7배이고, 공산당 소유의 중국 4대 은행은 0.5배다.

관치가 심한 한국 4대 금융지주사의 PBR은 이보다 낮은 0.4배다.

시장은 중국 4대 은행의 PBR이 실질적으로는 0.5배보다 높다고 생각한다. 중국 4대 은행이 제대로 상각하지 않은 부실 채권이 워낙 많아 부실 채권을 반영하면 분모인 순자산 가치가 크게 낮아질 것이라고 생각한다. 외국인 투자자는 4대 은행을 포함해 중국 정부 소유 기업(state-owned enterprise, SOE) 회계를 별로 신뢰하지 않는다.

증권시장이 회계 장부도 깨끗하고 배당수익률이 6%나 되는 한국 4대 금융지주사에 대해 혹독한 평가를 하는 까닭은 정부의 간섭 때문이다. 1998년에 발발한 IMF 사태 이전에는 청와대와 재무부(현 기획재정부)가 은행의 여신 결정 과정에 깊이 관여했다. 정부가 톱-다운 방식으로 금융을 통제하니 자원이 효율적으로 배분되지 않았고 그 결과 외환위기가 촉발됐다. 외환위기 이후 주택은행(국민은행 전신)의 김정태 행장같이 훌륭한 CEO도 탄생했고, 은행에 자율성이 부여돼 한동안 한국 금융의 르네상스 시대도 있었다. 하지만 관치는 다시 부활했고 2021년 현재 그 정도는 1980년대를 능가하는 것으로 보인다.

관치의 대표적 예는 민간 분야 경험이 없는 공무원의 은행장 임명이다. 2020년에 외부 출신 행장을 맞은 기업은행을 예로 들 수 있다. 고시 패스 후 청와대 경제수석을 마지막으로 평생 공무원을 했던 신임 기업은행장은 한 언론사와의 인터뷰에서 "모험 자본 전문

표 5-7 국내외 대표 금융지주사/은행의 주가상승률 및 예상 배당수익률

	KB 금융	신한 지주	하나 금융	우리 금융	JP 모건	씨티 은행	뱅크오브 아메리카	웰스 파고	HSBC	스탠다드 차타드
5년 주가 상승률 (연)	7%	-4%	10%	5%	18%	8%	16%	-8%	-6%	-1%
10년 주가 상승률 (연)	-3%	-4%	-2%	-5%	10%	3%	9%	-1%	-7%	-13%
배당 수익률 (E)	5%	6%	5%	7%	3%	3%	2%	1%	2%	2%

출처: 야후 파이낸스

은행으로 변신해 은행업의 위기를 극복해나갈 것"이라고 했다. 최근에는 해외시장을 확장하겠다고 한다.

기업은행은 1961년 설립 이후 중소기업에 대한 금융 지원이 주요사업이다. 리스크가 매우 높은 모험자본을 다루는 일은 수십 년 이상의 경험이 있고 전문지식과 노하우가 있는 투자금융(IB)사의 영역이다. 해외에서는 미국계가 주도해서 심지어 유럽계인 UBS, 도이치뱅크도 실력이 부족해 모험자본 사업을 계속 축소하고 있다.

기업은행은 시장의 성적표인 PBR이 0.3배에 불과하다. 전 세계에서 PBR이 가장 낮은 은행 중 하나다. 2020년 기업은행 주가는 약 20% 하락했다. 아마추어 행장이 실험을 하듯이 경영하면서 동시에 중소기업 지원을 위한 유상증자를 일삼으니 주식시장이 낙제점수를 주는 것이다. 기업은행장은 '혁신금융'을 포기하고 상장의 의미

를 되새겨 시장가치를 높여야 할 것이다.

주주가치 파괴한 신한지주

정부의 과도한 간섭도 문제지만 경영의 초점을 연임에 맞추는 금융지주사 수뇌부, 구조적인 내수 침체, 핀테크사의 약진 등으로 인해 15~20년 전 2배에 육박하던 국내 4대 금융지주사 PBR이 평균 0.4배로 떨어졌다. 세계에서 가장 낮은 수준이다. 경제가 엉망인 러시아에서 자산 규모 2위인 VTB뱅크도 PBR이 0.5배다.

4대 지주 중 KB금융이 경영진의 자질, 전략, 거버넌스가 제일 낮다. 지난 5년간 연 주가상승률 7%, 10년간 연 주가상승률 -3%로 국내 은행업종에서 상위권이다. PBR은 0.43배로 신한지주(0.39배), 우리금융(0.34배), 하나금융(0.36배)보다 당연히 높다.

최근 주주가치를 많이 파괴한 곳이 신한지주다. 지난 5년간 4대 지주사 중 주가가 유일하게 하락했고(연 4% 하락), 10년 동안에도 연 4% 하락했다. 과거 신한은행은 블루칩 은행이었다. 정부 간섭이 제일 적어 자산 건전성이 뛰어났고 주주 중심의 경영을 하는 거의 유일한 국내 은행이었다. 외국인 지분율도 항상 높았다.

그러나 과거 몇 년간 주주가치를 침해하는 일들이 많아졌다. 납득하기 어려운 대표적인 사례가 2020년 10월 낮은 가격에 제3자배정 방식의 유상증자를 한 일이었다. 기존 주주들의 주식가치를 희석화하는 결정이었다. 신한지주는 실적도 괜찮아 굳이 자본이 필요한 것도 아니었는데 왜 전략적 투자자도 아닌 외국 사모펀드의 돈이 필요했을까? 1조 1,582억 원의 유상증자를 결의한 이사회의 결정도 이해가 가지 않는다. 애널리스트들은 신한지주가 회장의 연임을 염두에 두고 우호 세력에 8%의 지분을 팔았다고 의심한다. 합리적인 의심이다. 주주가치보다는 회장의 연임이 최대 목표라면, 아무리 PBR이 낮다 해도 국내 금융지주사에 투자할 이유가 전혀 없다.

오히려 대주주가 있는 증권지주사인 한국금융지주가 장기적인 주가수익률도 훨씬 낫고 소수 주주의 권리가 보호돼서 더 나아 보인다. 한국금융지주 주주 입장에서는 31.8%의 카카오뱅크 지분은 보너스다. 2020년 말 카카오뱅크가 TPG캐피털 투자를 유치할 때 평가받은 기업가치가 9조 3,200억 원이었다. 2021년에 카카오뱅크가 상장되면 한국금융의 자산가치가 많이 올라갈 듯하다. 4대 지주사 중에는 KB금융이 그나마 괜찮고, 장기 보유에는 한국금융지주가 보유에 더 적합하다.

저평가된 스탠다드차타드

—

미국 은행주들은 지난 10년간 미국 경기가 금융위기 이후 회복되면서 주가 흐름이 괜찮았고 저평가되지 않았다. 주가가 아직 저평가된 외국 은행으로는 홍콩과 런던에 동시 상장된 스탠다드차타드와 HSBC가 있다. PBR이 각각 0.5배, 0.6배다. 한국의 금융지주사들과 PBR이 비슷한데 중국과 아시아의 경제 회복이 본격화되면 양사 모두 이익 개선이 눈에 띄게 빨라질 수 있다. 다만 홍콩을 포함해 중국 비즈니스 비중이 높은 HSBC는 미중관계와 영중관계에 정치적 리스크가 있어 스탠다드차타드가 더 유망해 보인다.

런던에 본사를 둔 스탠다드차타드는 160여 년간 아시아, 중동, 아프리카 등 이머징마켓에 특화된 영국계 은행이다. 한국에 SC제일은행을 자회사로 두고 있어 우리와도 친숙하다. 제일은행은 2005년 인수되면서 SC제일은행으로 이름이 바뀌었다. 2019년 국내에서 약 3,000억 원의 순이익을 냈는데, 스탠다드차타드가 전 세계에서 거둬들이는 이익 중 10%를 조금 넘는 비중이다. SC제일은행은 국내 소매 영업력은 떨어지지만 내가 싱가포르와 홍콩에서 경험한 스탠다드차타드 현지 지점의 상품과 서비스는 매우 뛰어났다.

맥킨지 컨설턴트 출신인 피터 샌즈(Peter Sands) 전 CEO의 공격적인 비즈니스 확장이 스탠다드차타드를 위기에 빠뜨렸으나 그는 2005년에 퇴임했다. 그 후 취임한 월가 출신 빌 윈터스(Bill Winters) CEO가 부실 여신을 모두 털어내고 은행 영업이 회복 중이다. 현재

배당수익률이 2%인데 1~2년 후 수익 회복이 가시화되면 주가 상승 외에 4~5%의 배당수익률도 가능할 것이다.

은행 주식은 경기를 나타내는 바로미터다. 자기자본의 10배가 넘는 레버리지를 일으켜 수많은 예금자의 돈을 받아 여러 기업, 개인에게 대출해주기 때문이다. ROE과 PBR 배수는 상관관계가 높은데 수익성이 좋아지면 은행 주가에 프리미엄에 붙기 시작한다.

상장하지 말았어야 할 한국전력

전력, 통신, 금융, 담배, 카지노는 '규제산업'이라고 한다. 정부가 사업 허가를 내주고 정책 위반 시 라이선스를 회수할 수 있기 때문이다. 통신은 사업에 필요한 자원인 주파수를 정부가 돈을 받고 통신사에 내준다. 한국에서는 유통업도 규제산업이다. 정부가 마트 영업시간을 제한하고 의무휴업일도 강제화하기 때문이다. 심지어 최근 영업이 부진해 일부 점포를 매각하려는 홈플러스에 정치적 압력을 넣기도 했다.

전력시장은 한국전력이 판매를 독점하며 요금제가 경직돼 있다. 한전은 상장사지만 정부가 51%의 지분을 가진 공기업이다. 최근 국내 상황을 보면 "공기업도 장사"라고 얘기한 노무현 전 대통령의 발언이 무색하다.

한전은 애당초 상장하지 말았어야 했다. 싱가포르는 싱가포르 파워(Singapore Power)가 한전처럼 전력 판매를 독점하는데 100% 정부 소유의 비상장사다. 한전은 1989년에 국민주 형태로 상장했지만 주주에 대한 배려가 전혀 없고 대주주인 정부가 나머지 49% 주주에 반하는 행동을 취하니 이해관계의 상충이 심하다. 증권시장에 상장했으면 시장원리에 맞게 한전을 운영하게 내버려두든가 지금처럼 정부가 전기요금 인상에 대해 간섭하려면 나머지 49%를 시장에서 매수해 상장폐지하는 것이 맞다.

한전은 중장기적으로 매력적이지 못하다. 주가 성적표가 이를 증명한다. 지난 10년간 한전 주가는 전혀 상승하지 못했다. 다음의 4가지 이유로 한전 주식은 피해야 할 것이다.

첫째, 경영진이 핵심 사안에 대해 독립적인 의사결정을 못한다. 이사회는 구성원만 봐도 소수 주주의 입장을 대변하기보다 대주주인 정부나 전기 사용자인 국민 입장을 대변할 것 같다. 현 정권은 한전을 소수 주주가 있는 상장회사로 인식하기보다는 탈원전에너지 정책을 달성하기 위한 수단 정도로 생각하고 있다.

한전은 전력을 많이 판매했던 2019년에는 적자를, 코로나19로 전력 수요가 감소한 2020년에는 흑자를 냈다. 회사가 자율 경영을 못하니 주주는 건전한 상식을 근거로 한전의 미래를 예측하기가 어렵다. 유가에 따라 전기요금이 달라지는 2021년의 '전기료 개편' 기대감에 주가가 한동안 강세였다. 과연 애널리스트들 주장대로 유가가 다시 급등해도 안정적인 이익을 낼 수 있는 기반이 마련된 것일까? 한전 주가는 다시 하락할 것이다. 과거처럼 정치인들이 전기요금 인하 압박을 넣을 것이기 때문이다.

둘째, 환경비용이 지속적으로 증가해 수익성에 압박을 가할 것이다. 신재생에너지 의무할당제 및 탄소배출권 구입비용 등 환경비용이 2019년 1조 7,000억 원에서 2021년 2조 4,000억 원으로 뛸 예상이다. 한전은 아직도 석탄 발전 비중이 30%대이기 때문에 ESG 관점에서 외국인 및 기관 투자자들이 계속 매도할 수 있다. 영국 성공회 재무위원회 최고투자책임자(CIO) 톰 조이는 "한국전력이 한국에서는 탈(脫)석탄 흐름에 동참하면서 해외에서는 신규 석탄 발전 사업에 투자하는 비양심적인 태도를 취하고 있다"고 지적한 바 있다. 특히 인도네시아에서 석탄 발전 사업을 강행하기로 한 2020년 한전 이사회의 의사결정은 이해하기 어렵다.

셋째, 전기료 개편안이 통과되지 못한 2018년과 2019년에 한전은 각각 1조 3,150억 원, 2조 3,460억 원의 적자를 냈다. 한전은 재무구조가 워낙 탄탄해 다시 적자 전환하거나 수익성이 악화돼도 회사 운영에 지장이 없다. 2019년 말 기준 자기자본이 69조 원, 이익잉여금이 49조 원이었다. 청와대, 정치인, 산업통상자원부가 이런 점을 이용해 주주보다는 국민 입장에서 회사를 바라볼 것이다.

마지막으로, 애널리스트들이 의미를 부여하는 사상 최저 수준의 0.2~0.3배 PBR은 큰 의미가 없다. ROE가 최근 5%를 상회한 적이 없다. 전기료 개편이 된다 해도 ROE는 5% 미만으로 예상되니 계속 매우 낮은 PBR에 거래되는 것은 당연하다.

전망 밝지 않은 통신업

통신 3사도 규제산업이므로 룰을 정하는 정부에 끌려다니기 일쑤다. 지난 5~10년 동안의 주가 움직임을 보면, 민간업체인 SK텔레콤이나 LG유플러스가 연평균 3~5%의 주가 상승을 보였다. 반면 KT 주가는 지속적인 하락을 보였다. KT 시가총액은 겨우 6조 원이다. 배당수익률은 통신사별로 3~5%를 기대할 수 있다.

　한국전력보다는 낮지만 정부 간섭을 과도하게 받는 통신업도 발전하기 어렵다. 천문학적인 5G 투자 금액에, 정부가 요구하는 2G · 3G · LTE 주파수의 과도한 재사용료도 모자라 정치인들이 2020년 국회에서 가격 인하 압력을 넣었다. 2020년 10월에 KT가 나서서 5G 요금이 인하됐다. 통신업종 PBR이 0.6배인 이유가 있다.

10개 종목에 투자하면 1~2종목은 효자 노릇을 하고 예상보다 부진한 종목이 2~3개는 나오게 마련이다. 전체 수익률을 관리하기 위해서는 손실을 내는 2~3종목을 피하는 것이 무엇보다 중요하다. 결국 실수를 줄여야 한다는 얘기다. 최소한 3~5년을 내다보고 길게 투자한다면 지금까지 살펴본 업종과 기업을 피하길 권한다.

- 화려한 사옥을 짓는 기업
- 빚이 많은 기업
- 인구가 감소하는 내수시장에서 장사하는 기업
- 정부의 간섭을 받는 기업

주식 vs 부동산

부동산도 복리로 정확한 투자수익률 계산하는 습관 필요#

2020년 8월 모 일간지에 다음과 같은 기사가 실렸다.

"서울 아파트 평균 매매가격이 10억 원을 돌파했다. 2013년 5억 원 초반에 머물던 평균 매매가격이 7년 만에 2배로 치솟았다."[1] 이 기사는 부동산 정보 업체 부동산 114가 2020년 7월 말 기준으로 뽑은 데이터를 근거로 작성한 것이다. 7년간 5억 2,000만 원에서 10억 1,000만 원으로 상승했다는 것은 집값이 매년 9.9% 올랐다는 얘기다. 복리의 마법이다. 두 자릿수에 가까운 상승이지만 놀랄 만한 일은 아니다. 초저금리 시대에 위험자산인 부동산이나 주식이 연 10%씩 오르는 것은 지극히 정상 아닌가?

공무원, 정치인, 언론인, 시민단체, 전문가 집단 모두 객관적으로 계산해보지도 않고 주먹구구식으로 부동산 시장을 해석하고 가격

표 6-1 **국내 부동산 가격(중위가격) 연간 상승률**

	이명박+박근혜 정부 (2008.12~2017.03)	문재인 정부 (2017.05~2020.05)	전체 기간 (2008.12~2020. 05)
서울 주거용 부동산*	3%	10%	5%
임기 초	4.3억 원	5.3억 원	4.3억 원
임기 말	5.3억 원	7.1억 원	7.1억 원
서울 아파트	3%	15%	6%
임기 초	4.8억 원	6.1억 원	4.8억 원
임기 말	6.0억 원	9.2억 원	9.2억 원
전국 아파트	4%	6%	4%
임기 초	2.3억 원	3.1억 원	2.3억 원
임기 말	3.1억 원	3.7억 원	3.7억 원

* 아파트, 단독주택, 연립주택
출처: 경실련, KB주택가격동향

상승의 원인과 대책에 관해 자기주장만 펼친다. 정말 한심한 일이다. 부동산은 최소 10년 이상 장기적인 관점에서 복리로 연 수익률을 계산한 후 주식 같은 다른 위험자산의 수익률과 비교하는 것이 기본이다.

중장년 투자자들은 주식보다 부동산 투자로 높은 수익을 실현한 경험이 많을 것이다. 자산 성격상 부동산은 매매가 쉽지 않아 반강제적으로 장기 보유했기 때문이다. 그러나 우량 주식을 장기 보유하면 부동산보다 투자수익률이 더 높다. 지난 10년간 미국 주식총수익률은 배당을 포함해 연 14%였고, 100년 동안은 연 10%였다.

표 6-2 주식 총수익률 vs 부동산 총수익률

	주가/집값 상승률(A)	배당/임대 수익률(B)	총수익률(A+B)
국내 주식*	5%	2%	7%
해외 주식**	8%	2%	10%
서울 아파트***	6%	2~3%	8~9%
서울 주거용 부동산***	5%	2~3%	7~8%

* MSCI Korea 지수 기준(2011~2020)
** MSCI ACWI 지수 기준(2011~2020)
*** KB주택가격동향(2008~2020)

한편 2008년 말 이후 서울 아파트 총수익률은 임대수익 추정치 2~3%를 포함해 연 8~9%였다. 경실련 자료와 KB주택가격동향 데이터를 가지고 계산해보니 2008년 말 이후 11년 4개월 동안 서울 아파트는 연 6%, 전국 아파트는 4%, 서울 주거용 부동산은 5% 상승했다. 이명박과 박근혜 정부 시절 아파트 및 기타 주거용 부동산은 전국적으로 연 3~4% 완만하게 올랐다.

문재인 정부 들어 상승 폭이 가팔라진 것은 사실이다. 경실련이 2020년 6월 발표해 화제를 일으킨 〈21번 부동산 대책, 결과는 서울 아파트값 3억, 52% 상승〉이라는 보도자료 내용도 복리로 환산하면 문재인 정부 3년간 서울 아파트가 연 15% 올랐다는 얘기다. 경실련이 2021년 1월 발표한 "문재인 정부 4년 동안 서울 25평 아파트값은 6.6억에서 11.9억이 됐다"는 자료도 복리로 계산하면 연 16% 상승을 의미한다.

장기간 침체됐던 국내 집값(해외 부동산 가격은 계속 상승)이 사상 초유의 초저금리와 시장을 무시하는 아마추어 국토부 장관의 정책 실수가 겹쳐서 최근 3~4년간 급하게 따라잡은 것이다.

부동산과 주식 동시 보유하면 리스크 줄일 수 있어
—

부동산 투자수익은 부동산 가치 상승에 따른 시세차익과 임대수익을 합한 것이다. 임대수익은 집 소유에 부수되는 사용가치의 개념이다. 마찬가지로 주식 투자수익은 주가 상승에 따른 시세차익과 배당금의 합이다. 지난 11년간 서울 아파트는 임대수익률 추정치 2~3%와 집값상승률 6%를 더하면 연 8~9%의 총수익이 발생했다. 전 세계 부동산 수익률 12%에 비하면 낮지만 내수 침체를 감안하면 양호한 성적이다. 같은 기간에 아파트, 단독주택, 연립주택이 포함된 서울 주거용 부동산의 총수익률은 7~8%인 것으로 추정된다.

한편 지난 10년간 한국 주가는 연 5% 올랐다. 2%에 가까운 배당수익률을 더하면 총수익률은 연 7%다. 같은 기간 전 세계 주가는 연 8% 상승했고, 2% 배당수익률을 더하면 연 10%의 주식총수익률을 달성했다.

한국 증시는 시가총액 기준으로 삼성전자의 비중이 30%가 넘기 때문에 국내 주식의 총수익률도 삼성전자를 포함했을 때와 제외했을 때로 나눠서 보는 게 합리적이다. 삼성전자를 제외한 국내 주식

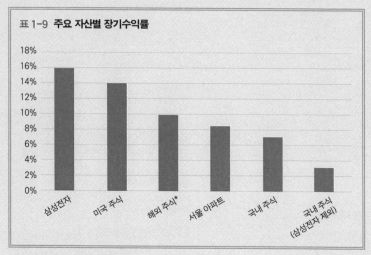

표 1-9 **주요 자산별 장기수익률**

* 해외 주식은 미국 주식 포함
** 주식은 과거 10년간, 부동산은 과거 11년간

의 총수익률은 2011년 이후 연 3%에 불과하다. 지난 10년간 매년 16%의 총수익을 안겨준 삼성전자를 제외하면 대부분의 국내 주식은 투자 메리트가 없었다는 얘기다.

2017년에 미국과 독일의 경제학자 5명이 1870년 이후 미국, 일본, 유럽 등 16개 선진국의 주식, 주거용 부동산, 장기채권, 단기채권의 수익률을 분석해 〈모든 자산의 수익률(The Rate of Return on Everything) : 1870~2015〉라는 논문을 발표했다.[2] 1950년 이후 주식과 부동산의 수익률에 관해 몇 가지 시사점이 있는데 요약하면 다음과 같다.

- 주식총수익률이 연 13%로 제일 우수하고, 주거용 부동산은 12%로 2위였다.
- 주식은 수익률이 높지만 부동산보다 변동성이 훨씬 높았고, 경기의 영향을 많이 받는 것이 특징이다.
- 부동산의 리스크가 주식보다 적은 이유는 총수익률에서 안정적인 임대수익의 비중이 (집값 상승보다) 크기 때문이다.
- 주식은 총수익률에서 안정적인 배당의 비중이 적고, 주가 상승이 훨씬 더 중요하다.
- 21세기 들어 아마존, 페이스북, 알파벳, 테슬라 등 배당을 하지 않지만 높은 주가 상승으로 주주에게 보답하는 기업들이 증가하는 추세다.
- 주거용 부동산과 주식의 수익률은 상관관계가 낮으므로 두 자산을 동시에 보유하면 리스크를 줄일 수 있다.

이 논문은 《21세기 자본론》의 저자이자 프랑스 경제학자 토마 피케티(Thomas Piketty)의 주장, 즉 자본수익률이 경제성장률보다 높은 경우 불평등도 그에 비례해 늘어난다는 이론을 모든 국가(전쟁 중인 국가를 제외하고), 모든 시기에 걸쳐 뒷받침한다.

국내외 주식과 부동산의 장기수익률을 분석한 결론은, 여유자금이 있을 때마다 좋은 주식을 적정한 가격에 매입해 장기 보유하는 것이다.

우량 주식이 아파트보다 높은 수익을 낸다는 것은 증명됐다. 하지만 부동산은 대출이나 전세 등 레버리지를 이용해 투자 효과를 극대화할 수 있는 장점도 있다.

이 책의 기획 단계부터 편집 일체를 맡아주신 윤효진 팀장에게 감사드린다. 책의 출간을 선뜻 맡아주신 한경BP 손희식 대표께도 감사의 인사를 빠뜨릴 수 없다. 한국 증시에 대한 애정이 담긴 투자 경험담을 작성해준 매크리아리, 터커, C박사님에게 특별한 감사의 마음을 표한다. 이 책의 아이디어를 구상할 때 세 사람은 한국 투자자들을 위해 흔쾌히 자신의 투자 스토리를 공유하겠다고 밝혀 책을 쓰는 데 큰 힘이 됐다. 다양한 국내 리서치를 열람하게 도움을 준 에프엔가이드에도 감사드린다.

우리 가족에게도 감사하다. 현 시점에서 한국에 꼭 필요한 책이라고 격려해준 아내와 다양한 신경제 관련 질문을 해도 싫증 내지 않고 답변해준 딸 승연(Stephany), 아들 병연(Brian)에게 이 책을 선사한다. 마지막으로 남들이 가보지 않은 새로운 길을 선택할 때마다 격려해주신 아버님과 어머님께 이 책을 바친다.

주

1장

1. 정영효, "코로나로 정장 입는 시대 끝났다", 한국경제신문, 2020년 8월 8일

2장

1. 오로라, "아이폰12 부품, 한국산이 가장 많네", 조선일보, 2020년 11월 23일

2. 민세진, "경제교육을 소홀히 한 대가", 한국경제신문, 2020년 11월 7일

3. 민지혜, "K뷰티의 힘…중 광군제서 역대 최대 매출", 한국경제신문, 2020년 11월 13일

4. 이동우, "LG생건 취임 후 시총 40배 넘게 불린 이 남자", 인터비즈, 2019년 7월 20일

5. 삼성전자 IR 홈페이지 https://www.samsung.com/sec/ir/stock-information/stock-chart/

6. 장경영, "투자실력 과신하는 남성, 거래량은 많지만 수익률은 여성보다 못해", 한국경제신문, 2020년 3월 4일

7. 송종현, "업의 본질", 한국경제신문, 2020년 10월 26일

8. 이성훈, "디테일 중시…삼성맨들이 기억하는 이건희", 조선일보, 2020년

10월 26일

9. 강경희, "이병철의 '최대 업적'", 조선일보, 2020년 10월 27일

10. 석남준, "25년 전 이건희 '반도체 다음 돈 버는 건 제약'", 조선일보, 2020년 11월 17일

11. Michael E. Porter, The Five Competitive Forces That Shape Strategy, 2008년 1월

12. McKinsey Quarterly, The industry effect, 2015년

13. S&P500 Sectors & Industries Profit Margins(quarterly), Yardeni Research, 2020년 7월 13일

14. 조은임, "GDP 이끄는 민간소비 '뚝'…'고령화·가계부채에 소비성향 감소'", 조선일보, 2019년 10월 23일

15. Richard Edwards and team, Goldman Sachs, Next normal – casualization is driving broad-based sportswear gains, 2020년 10월

16. Lauren Indvik, Does sustainable fashion exist?, Financial Times, 2020년 11월 15일

17. "옷을 재활용하기가 어려운 까닭", BBC 뉴스 코리아, 2020년 7월 19일

18. 한경진, "패스트 패션에 지쳤다", 조선일보, 2020년 2월 25일

3장

1. 진상훈, 남민우, "자동차, 죽어야 산다" 조선일보, 2017년 1월 14일

2. 베일리 기포드 홈페이지, https://www.bailliegifford.com/

3. 다나카 미치아키 지음, 류두진 옮김, ≪아마존 미래전략 2022≫, 반니, 2017년

4. 베일리 기포드 홈페이지 https://insight.bailliegifford.com/

videos/institutional/ltgg/stock-stories-amazon-ltgg-ins-we-0304/?additionaltranscript=true

5. Anand Sanwal, CB Insights, Gradually, then suddenly…, 2017년 12월 13일

6. 곽금주, "DSL에 내재된 심리학적 '유혹'", 한국경제신문, 2019년 9월 1일

7. Tesla 10-K, 2019(https://ir.tesla.com/_flysystem/s3/sec/000156459020004475/tsla-10k_20191231-gen_0.pdf)

8. 박상용, "2030년 세계 차 시장, 전기차 비중이 31%", 한국경제신문, 2020년 10월 21일

9. 김동욱, "전기차 '충전 난민'", 한국경제신문, 2020년 12월 3일

10. 최호섭, "언제든 어디든 떠 있는 '구름'처럼-인터넷에 있는 저장 공간", 조선일보, 2020년 11월

11. 다나카 미치아키 지음, 류두진 옮김, ≪아마존 미래전략 2022≫, 반니, 2017년

12. Elizabeth Koh, Samsung heir takes reins of tech giant stuck in his father's past, Wall Street Journal, 2020년 10월 25일

13. 김신영, "애플의 끊임없는 혁신-아이폰 비중 줄어도 구독료 수입이 늘어난다", 조선일보, 2020년 8월 2일

4장

1. Credit Suisse Research Institute, The Family 1000: Post the Pandemic, 2020년 9월

2. Deloitte, 글로벌 패밀리 비즈니스 설문조사 2019, 2020년

3. Interbrand, Best Global Brands 2020, 2020년 10월

4. 한경석, "인터브랜드 전문가와 함께 풀어본 '브랜드의 성공비결'", 주간한국, 2018년 12월 24일

5. 김경희, "인터브랜드 '2020년 베스트 코리아 브랜드' 발표…삼성전자, 브랜드가치 1위", 조선일보, 2020년 8월 11일

6. 김채연, "무신사 '10번째 유니콘' 됐다…기업가치 2.2兆", 한국경제신문, 2019년 11월 11일

7. Achim Berg & Imran Amed, McKinsey & Company, The State of Fashion 2020: Navigating uncertainty, 2019년 11월 20일

8. 권오영, "당신이 입는 옷이 지구를 망치고 있다", 그린포스트코리아, 2018년 11월 21일

9. 한경진, "패스트 패션에 지쳤다", 조선일보, 2020년 2월 25일

10. Peter Thiel, Crown Business, Zero to One, 2014년

11. Ashlee Vance, Harper Collins Publishers, Elon Musk, 2017년

12. 임나리, 피터 틸 "경쟁하지 말고 독점하라", 채널예스, 2015년 2월 25일

5장

1. 조은임, "GDP 이끄는 민간소비 '뚝'…고령화 · 가계부채에 소비성향 감소'", 조선일보, 2019년 10월 23일

2. 홍준기, "100만->26만 명…돈 벌 사람이 사라진다", 조선일보, 2020년 6월 22일

3. 조영태, "흩어져야 낳는다…수도권 인구집중이 부른 초저출산 한국", 조선일보, 2020년 10월 30일

4. 이성훈, "'젊은 혁신 배우자' 마켓컬리 대표 초청해 강연 들은 롯데 CEO들", 조선일보, 2020년 12월 9일

부록

1. 안준호, "서울 아파트값 신기록…평균 가격 10억 깨고, 강남 20억 넘어", 조선일보, 2020년 8월 12일

2. Òscar Jordà, Katharina Knoll, Dmitry Kuvshinov, Moritz Schularick, Alan M. Taylor, Federal Reserve Bank of San Francisco Working Paper 2017-25, "The Rate of Return on Everything, 1870-2015", November

부의 추월차선에 오르기 위한 진짜 주식 공부

좋은 주식 나쁜 주식

제1판 1쇄 발행 | 2021년 3월 12일
제1판 6쇄 발행 | 2024년 3월 4일

지은이 | 이남우
펴낸이 | 김수언
펴낸곳 | 한국경제신문 한경BP
책임편집 | 윤효진
교정교열 | 김문숙
저작권 | 백상아
홍보 | 서은실 · 이여진 · 박도현
마케팅 | 김규형 · 정우연
디자인 | 권석중
본문디자인 | 디자인 현

주소 | 서울특별시 중구 청파로 463
기획출판팀 | 02-3604-590, 584
영업마케팅팀 | 02-3604-595, 583   FAX | 02-3604-599
H | http://bp.hankyung.com   E | bp@hankyung.com
F | www.facebook.com/hankyungbp
등록 | 제 2-315(1967. 5. 15)

ISBN 978-89-475-4699-7 03320